JN124307

0(ゼロ)から学ぶ
就活のトリセツ

風詠社

まえがき

　皆さんは、どのような仕事をしたいですか。また、どのような会社で働きたいですか。有名な会社、安定している会社、給料をたくさんもらえる会社、自分自身がキャリアアップできるような会社でしょうか。では、皆さんは会社に就職するためにはどのような活動をすればよいか考えたことがありますか。

　さて、本書を執筆している現在、新型ウイルスの影響は大きく、日本国内での活動の制限や日本と外国との交流が、これまで例にないほど限られてしまっています。このような状況の中、不安を感じている人も多くいるでしょうが、「止まない雨はない」という言葉のように明るい未来を信じ、就職のための準備をしていきましょう。日本社会に活気が戻り、多くの人材が必要になった時、それを見越して準備をしていた人と準備をしていなかった人では大きな差が生まれるでしょう。

　本書は『ゼロから学ぶ仕事と会社 (中部日本教育文化会,2020)』の改訂版として、「日本で働くための就職活動はいったいどうすればいいか」という疑問に答えるように、「日本での就職活動をよりやさしく、分かりやすく」をテーマに掲げて書き進めました。そのため、次のような特徴があります。

　　　①就職活動前→就職活動中→採用後と、時系列に読めるようになっています。
　　　②文章を分かりやすくし、重要語句を側注で説明しています。
　　　③イラストを多く入れて、読者がイメージしやすいようにしています。

　本書は、留学生や外国人技能実習生、研修生をメインの読者対象としていますが、就職活動を始めようとしている日本人にとっても有益でしょう。さらに、日本語を母国語としない学生を対象に授業を行っている先生方にも使っていただきたいと思っています。

　早速、本書を活用しながら就職活動の流れをイメージしてみましょう。「就職が決まる」ことはゴールではありません。むしろ、皆さんにとっては、新しく始まる生活のスタートです。そのスタートに向けて、本書がその手助けになることを願っています。

0（ゼロ）から学ぶ　就活のトリセツ

本書の構成

　本書は Stage 1 から Stage10 までの 10 章立てで構成されています。就職活動を始める前から内定をもらって働き始めるまで Stage を読み進めることで、その流れが分かるようになっています。また、会話に出てくる「スラジさん」と「アインさん」は皆さんと同様に日本での就職を目指して就職活動を行っています。皆さんも 2 人と一緒に成長していきましょう。Stage の終わりには、その Stage と関連する日本語を学べるように「日本語練習」を設けていますので、必ず目を通すようにしてください。

　Stage 1 から 10 までの学習のポイントをまとめています。

Stage 1 ：「会社とは何か」という疑問に対して分かりやすく説明しています。また、働く人の目線で会社の 1 日の流れが書かれています。

Stage 2 ：日本で働く上では日本のビジネス文化を理解することが重要です。そのため、日本の文化、ビジネス文化、特に「報告」の重要性について説明しています。

Stage 3 ：就職したい会社が決まるまでに確認しておきたい履歴書の書き方、求人票の見方を説明し、さらに自分のライフ・プランを考える内容になっています。

Stage 4 ：就職したい会社が決まってから、やるべきことを取りあげています。自己推薦やインターンシップ、就職したい会社の調べ方について説明しています。

Stage 5 ：インターンシップが決まる頃に重要となる会社説明会への参加方法、エントリーシートの書き方や活用方法、自己紹介や自己分析の方法を説明しています。

Stage 6 ：入社試験 1 週間前の心得として、入社試験で行われる筆記試験と面接に失敗しないように注意すべきことを取りあげています。

Stage 7 ：入社試験前日の心得として、持ち物や服装、身だしなみのチェックをするとともに、入社試験前日や当日における心構えについて説明しています。

Stage 8 ：入社試験当日の流れを説明しています。試験会場での注意事項を書いていますが、トラブルが起きた時の対処法についても詳しく述べています。

Stage 9 ：内定をもらい、入社が決まったら行うことを簡潔に説明しています。「内定通知」「雇用契約書の書き方」と入社準備に必要なものを取り上げています。

Stage10：入社してから必要な「社内規定や社外規定」について説明しながら規定を守ることや仕事の教わり方を心構えとともに示しています。

本書の特徴と使い方

本書の特徴をまとめました。

● 読者の理解を助けるために難解な日本語を避け、「やさしい日本語」を用いて分かり
やすく表現しています。

● 本書は Stage 1 から Stage10 で構成されています。各 Stage では 3 あるいは 4 の Step
に分けて、それぞれのトピックを取り扱っています。

● 各 Step は 2 ページの構成で、1 ページ目は、その Step の内容を会話文と本文に関連
する「考えてみよう」から、2 ページ目はその Step の本文を記載しています。

● 各 Step の本文にある白抜き数字（例えば、❶、❷）は、左側にある同一の白抜き数
字と連動しており、詳しく説明を行っているという目安になるように付しています。

● 巻末のさくいんでは漢字にひらがなのルビをつけ、手軽に調べることができるように
しています。そのため、本書の索引は用語を探すだけではなく関連用語集として日本
語教材としての機能も併せもっていますので、書かれている内容を理解する前に日本
語が分からないという読者と日本語の説明をしなければならない先生方の役に立つよ
うにしています。

本書に登場する 4 人の登場人物を紹介します。

スラジさん	アインさん	ディネシュさん	田中先生
就職活動中の学生 就職活動をあまり理解していないが熱心に取り組んでいる。	**就職活動中の学生** まじめな性格で積極的に就職活動に取り組んでいる。	**既に就職した先輩** 後輩のことを思い、自分の経験を就活生にアドバイスしている。	**就職担当の先生** 学生に厳しく指導しながらも温かく見守っている。

就職体験記　　　許　在希さん　허 재희　Heo Jehee

母国で日本企業の入社試験を受験！日本にいなくても採用されるチャンスはある！！

　韓国出身のホ・ジェヒと申します。実は、私は幼い頃、日本に住んでいたことがあります。日本では、日本の文化になじみ、違和感なく生活していました。そのような暮らしを思い出し、また自分が学んできた専門分野や日本語能力を生かしたいという理由から日本の企業への入社を目指して就職活動をしました。そして、母国の韓国にいながら入社試験を受け、内定をいただくことができました。

　就職活動から現在の状況について紹介します。

　就職活動を始めた当初、日本在住でなくても日本の企業へ就職できることを知りませんでした。私には兄がいますが、兄から「韓国にいても日本での就職ができる」ということを聞き、インターネットで情報収集を行いました。そんな時、日本企業を紹介するブログを見つけました。そのブログには詳しく就職活動の流れが記されていました。

　私が入社試験を受ける中で感じた面接のポイントは２つあります。１つ目は、自分が書いた履歴書の内容を熟知しておくということです。履歴書に書いた長所と短所に関する質問がありました。長所欄には、私は誰にでも親切に接するということと、具体的にどのように親切にしたのか事例をあげて記しました。また、短所欄には、失敗を恐れて１つずつ丁寧に対応するため何ごとを行うにも時間が掛かりすぎてしまうと記載しました。しかし今は、あまり失敗を恐れず、積極的に物事を進めようとしているところだと短所に対する自分の対処法も記しました。面接の際も、履歴書に書いたものと同様の返答をしました。２つ目は、面接官から質問されそうな項目と答えのリストを作り、練習しておくとよいということです。入社したら会社にどのような貢献ができるかと聞かれました。この質問は想定内でしたのでスムーズに答えることができました。想定外の質問があるかもしれませんので、その場合どうすべきか、事前に考えておくことも重要でしょう。

　大手の量販店 E 社に入社して 4 年程経ちました。今は、仕入・発注、店舗別の売上管理、そして在庫管理を主な仕事として、コンピュータを通じて、その円滑な物流管理を行っています。

Stage 1　カイシャについてベンキョウしよう

Step 1　カイシャを知ろう

カイシャへの就職、カイシャの利益のことを理解しよう

Step 2　カイシャのシゴトを知ろう

仕事の意味を理解し、自分ができそうな仕事の分野を見つけよう

Step 3　カイシャの1日を知ろう

上司・先輩・同僚の意味を理解し、会社のメンバーとの関係を理解しよう

Step 4　カイシャで働く

就職することの意味や就職する目的を理解しよう

Step 1　カイシャを知（し）ろう

スラジさん

アインさん

日本にはカイシャが
たくさんありますね。

そうですね。
あなたがアルバイトをして
いるコンビニも会社だよ。
アルバイトは大変？

大変（たいへん）ではありません。

大変（たいへん）だね。

えっ！大変じゃなくて
暇（ひま）で楽（らく）ですよ。

あなたのことじゃな
くて、会社が大変だ
っていうことよ。

私には関係ないこと
ですね。

いいえ。関係ありますよ。
会社が暇ということは会社
の売り上げが少ないという
ことです。あなたは働けなく
なるかもしれませんよ。

★考（かんが）えてみよう★

1）会社（がいしゃ）は何（なに）をするところですか。
　☞働（はたら）いて利益（りえき）を出（だ）すところです。
2）会社で働（はたら）くためには、どうすればいいですか。
　☞仕事に必要な日本語（にほんご）を身（み）につけ、必要（ひつよう）な仕事（しごと）をきちんとすることです。

9

皆さんは❶会社のことをどれくらい理解していますか。皆さんはアルバイトをしていますか。実は皆さんがアルバイトをしているところも会社です。コンビニや弁当を作っているところもほとんどが会社です。多くの人は学校を卒業すると❷就職します。正社員として就職すると会社で長く安定して仕事ができます。ここでいう仕事は、学生のアルバイトとはかなり違います。大きな違いの一つはアルバイトでもらうお金より就職してからもらうお金がもっと多いことです。

就職したら、もらうお金が多くなるのはなぜでしょうか。それは、社会人として会社のために❸責任をもって効率的に仕事をするからです。学生だから、また、アルバイトだからといって責任がないという意味ではありません。仕事の内容や質が違うということです。

このように会社は仕事をした人に給与（給料）としてお金をはらいます。また、会社を続けていくためには給与や必要な経費をはらっても❹利益が出るようにしなければなりません。

自分が就職したいと思うなら、会社の利益になることが必要です。会社に役立ち、就職できるようにがんばりましょう！

❶会社は多くの人が力を合わせて利益を出しながら、組織を維持・発展させていくところである。

❷就職とは、会社で正式なメンバーとして、働くことである。

❸責任とは、問題がないようにきちんと仕事をすることである。

❹利益とは、必要なコストを差しひいたもうけ（Profit）のことである。

Step 2　カイシャのシゴトを知ろう

スラジさん

田中先生

仕事は、まじめにする
ことが大切ですね。

まじめにすることは
大切ですが、それだ
けではないですよ。

店長は、まじめにすることが
大事だと言っていました。

仕事は、責任をもって
やることが大切です。

でも、私は先輩やお客さ
んから言われたことをま
じめにやると、よくほめら
れるのですが…。

会社ではアルバイト
とちがって、自分が
考えてやらないとい
けないことがたく
さんあります。

★考えてみよう★

1）会社の仕事とアルバイトは何がちがいますか。

☞キーワード：定時、管理、責任

2）仕事は一生懸命にやるものだから、疲れるのが仕事でしょうか。楽しくやれる仕事

はないのでしょうか。

☞キーワード：得意分野、自分の短所と長所

11

皆さんは、「❶仕事とは何か」と、考えたことがありますか。会社にいれば仕事をしているといえるでしょうか。仕事とは会社のために利益をあげることです。頑張ることは大切ですが、頑張るだけでは不十分です。自分が会社の利益になるような人材でなければ、会社からみると、「会社にとって必要ではない人」になってしまうかもしれません。そうなってしまうと会社で長く働きたいと思っても、働けなくなるでしょう。

会社では❷一緒に働く人がたくさんいます。そこで、みんなが力を合わせて働くことで、より多くの利益が出せるようにしています。そのため、会社では人によって任せられる仕事が違います。それは、全ての仕事をどれも上手にできる人はあまりいないからです。それぞれの人が得意とする個人の「強み」を生かすことで、さらに大きな利益につながるからです。

そういう意味で、皆さんは会社でどのような仕事ができるのか、得意な❸分野を見つけることが大切です。また、自分に合う会社を見つける必要もあります。自分の働きで会社の力になれるよう、今からしっかり勉強を頑張りましょう。

❶仕事は、一緒に働いている人と協力して成果を上げることでもある。

❷会社で働く人を社員といい、一緒に働く人は同僚という。

❸分野は、部分ともいえる。分野別にわけると、営業、経理、総務などがある。

Step 3　カイシャの1日を知ろう

スラジさん

ディネシュさん

先輩、会社では1日中、何をするんですか。

まず、朝9時頃からやる朝礼から1日が始まるんだよ。

朝礼ってなんですか。

簡単な会議のようなものだよ。

朝から会議ですか。会社って厳しいですね。

会議というより、上司が中心になって1日の仕事が始まる前に、仕事の確認や予定を知らせるものだよ。

★考えてみよう★

1）会社ではなぜ朝礼をするのでしょうか。

　☞キーワード：仕事の進行状況や確認、情報共有

2）自分の仕事が終わって、まだ仕事をしている人より先に会社から帰るとき、どのようなあいさつをしますか。

　☞「お先に失礼します。」「お疲れ様でした。」

日本の会社では、朝、会社に行くと「おはようございます。」という挨拶から1日が始まります。会社で会う人には、誰でも必ず挨拶をしましょう。会社では1日の仕事を始める前に、仕事の予定の確認や、情報交換のために❶朝礼をします。

この朝礼が終わると、それぞれの場所で、任せられた仕事をします。とくに、新入社員は❷上司や❸先輩からの指示で仕事をする場合が多いです。このときは、その指示の内容をよく聞くことが重要です。分からないことは自分で判断して勝手にやらず、必ず質問してからやるようにしましょう。

多くの会社は、12時頃から約1時間がランチタイムになります。この時間は働く時間ではないので、仕事から離れて仕事以外の行動をしてもよいです。また、この時間は❹同僚や上司とのコミュニケーションを取る時間にもなります。

会社は、多くの人が一緒に働く場所です。そのため、仕事が終わり、退社するときは、こっそり家に帰るのではなく、「お疲れ様でした。お先に失礼します。」と声をかけます。

皆さん！日本の会社の1日をイメージしてみましょう。

❶朝礼は毎朝、皆とあいさつとともに簡単なできごとを伝える時間でもある。

❷自分よりクラスが上の人をいう。

❸先輩とは、自分より早く入社した人のことである。

❹同僚とは、同じ会社で自分と一緒に働く人のことである。

Step 4　カイシャで働く

アインさん

スラジさん

スラジさんは来年
どうするの？

しゅうしゅくするんだ。

シュウシュクってなに？

「しゅうしゅく」を知らな
いの？？？
会社にはいることだよ！

あぁ。会社で働くという
意味の、就職_{しゅうしょく}のことね。

「しゅうしょく」か。
「しゅうしゅく」と思っていたよ。
アルバイトじゃなくて、会社で
ずっと働_{はたら}きたいと思っているよ。

そうだね。どうすれば、
就職_{しゅうしょく}できるか知っている？

★考えてみよう★

就職するためには、どのようなスケジュールで進めていけばよいでしょうか。

☞ 1番目_{ばんめ}：自分のことをよく知るために分析する。

　2番目：就職したい会社を選び、就職のための社員募集サイトにエントリーする。

　3番目：入社試験_{にゅうしゃしけん}のために履歴書_{りれきしょ}の提出_{ていしゅつ}を行_{おこな}い、必要_{ひつよう}に応_{おう}じて面接試験_{めんせつしけん}を行う。

会社のメンバーの一員になり、会社のために働くことを就職といい、就職するために活動することを❶就職活動といいます。就職はスケジュールどおり時間をかけて計画的に活動することが大切なので、しっかりスケジュールを確認しながら進めるようにしましょう。

まず❷最初に行うのは、「自分と会社について理解する」ことです。自分の性格や目標を確認し、就職したい会社を知ることから始めましょう。2番目に行うのは、スマートフォンやPCなどで、❸就職サイトに自分の名前や連絡先、専門分野などを登録（エントリー）することです。エントリーすると、会社情報や会社説明会などの案内、❹採用情報が送られてきます。説明会に参加すると、その会社のことがよく分かります。3番目に、会社から送られてきた書類をもとに、エントリーシート、❺自己紹介書、履歴書のような資料を会社に提出します。会社は皆さんが出した書類をチェックして、これらの書類に問題がなければ、❻筆記試験や面接試験を受けます。このようなプロセスを経て最終試験に合格すると就職することができます。

❶就職活動とは、就職できるように会社向けの資料や試験準備などをすることである。

❷ここでの分析は自分の長所や短所、趣味などをまとめてみることを指す。

❸主なものにはリクナビやマイナビなどがある。

❹採用とは、会社が自分を社員として入れることである。

❺自己紹介書とは、自分ができることや夢などを書いたものである。

❻筆記試験とは、書く試験で、面接試験とは会って話し合う試験のことである。

Lesson カイシャの日本語練習①

就職をするために必要な、みなさんのプロフィールをまとめてみましょう。
下の表に日本語で書き込んでみてください。

しめい 氏名	
せいねんがっぴ 生年月日	西暦　　　　　年　　　　月　　　　　日
ねんれい 年齢	歳
せいべつ 性別	男　・　女
げんじゅうしょ 現住所	〒　　　－　　　　　　都・道・府・県　　　　　市 　　　　　　　　　町
でんわばんごう 電話番号	（　　　　）－
こくせき 国籍	
めんきょ　しかく 免許・資格	
しゅみ 趣味	
はいぐうしゃ 配偶者	有　・　無　（○をつけてください。）
らいにちじき 来日時期	年　　　　　　月
ＪＬＰＴ	有（N　　　　　　　　）・無

Lesson　カイシャの日本語練習②

日本の会社や就職に関する言葉のリストです。薄い文字を、なぞって書く練習をしましょう。意味が分からないものは、意味を調べて書き込みましょう。

読み方	書きましょう	意味を調べて書きましょう
りれきしょ 履歴書	履歴書	
きゅうじんひょう 求人票	求人票	
きゅうしょくしゃ 求職者	求職者	
せんこう 専攻	専攻	
じんじ 人事	人事	
こよう 雇用	雇用	
きんむじかん 勤務時間	勤務時間	
しょくしゅ 職種	職種	
しゅっちょう 出張	出張	
ざんぎょう 残業	残業	
おんしゃ 御社	御社	
へいしゃ 弊社	弊社	
しようきかん 試用期間	試用期間	
ぶしょ 部署	部署	

| 第　回 | 年

　月　　日（　　　） | 学籍番号 No. | 評価 |
| | | 名前 Name | |

メモ欄

Stage 2　やりたいシゴトが決まるまで

Step 1　日本文化を知ろう

「文化」とは抽象的なものではなく、多くの人が同様に受け入れている生活様式だと理解しましょう

Step 2　日本の企業文化を知ろう

日本で働くために、日本の会社が当たり前のように考えて行っている「常識」を知る必要があります。日本で働くための常識について学びましょう

Step 3　報告は大切です！

ホウレンソウといわれている「報告・連絡・相談」の重要性を理解しましょう

Step1　日本文化を知ろう

アインさん

田中先生

> 先生、この間、日本人の
> 友達と寿司を食べに行
> ったんですよ……

> どうしたんですか。
> 寿司がおいしくなか
> ったんですか。

> 寿司は美味しかったんですが、
> 汚くて……

> 何が汚かったんです
> か。皿やコップが汚
> かったんですか。

> いいえ。違います。
> 友達が、箸（はし）があるのに
> 手で食べたんですよ。

> そうですか。日本の食事では
> 箸をよく使いますが、寿司は
> 手で食べる人もいます。それ
> は日本の文化です。

> 目の前にあるフォークを使
> って食べてもいいのに…

> 寿司をフォークで食べることは
> ないですね・・・。

★考（かんが）えてみよう★

1）「富士山、社寺、寿司、相撲、着物」は日本の文化といえるか。
　☞これは日本の象徴（しょうちょう）物で文化ではない。文化は日常生活様式を表し、「当たり前」
　　にされていることである。
2）「歌舞伎、能、三味線、茶道、畳、ふすま」は日本の文化だといえるか。
　☞これは広い意味でいうと生活伝統物であり、文化とはいえない。

日本人の働き方は日本の文化と関係があるといわれています。皆さんは「文化とは何か」と考えたことがありますか。文化は生活や暮らしの中の経験で習慣化されてきた❶生活様式です。文化は、社会ごとに固有の特性から生まれた多様性を保っているため、他の地域や国と比較するような❷優劣はありません。

文化は、その文化に所属しているメンバーなら誰でも知っている常識のことです。日本の文化で育った人なら、日本で「当たり前」とされている知識や習慣を前提として、ものごとを考えて発言したり、行動したりすることです。

例えば、日本の生活様式には次のようなものがあります。外から家に入るとき、玄関で靴を脱いでから家の中に入ります。また、寿司を食べるときはフォークではなく箸や手で食べます。日本食はフォークやナイフを使って食べないということは、口に出さなくても常識として共有していることです。また、日本では食べ物をもらうとき、箸から箸へと直接もらってはいけません。それは、火葬場で、亡くなった人のお骨を壺に入れるとき、1つの骨を2人で同時に箸で拾い上げるため、このイメージから人の死を想像し、❸縁起が悪いと思われているからです。

❶人間が生きていくために必要な「着ること、食べること、住むこと」をパターン化することである。

❷文化は、文化ごとに優れているものと劣っているものと区別するものではない。

❸運が悪い、幸運が回ってこない悪縁のことを意味する。

Step 2　日本の企業文化を知ろう

スラジさん　　　　　　　　　　　　　　　　田中先生

先生、おととい店長から
カンカンに怒られました。

どうしたんですか。
注文を間違ったんですか？

いいえ、ただ、うるさいと…。

お客さんに余分なこ
とを言いましたか。

そうじゃないです。効率
的な注文の取り方を
言っただけなのに…。

あなたの意見を言いすぎたの
はないですか？

そうでしょうか。私は自分が思
った通りに言っただけです。

それがね・・・

★考えてみよう★

１）非言語コミュニケーションとは何のことだろうか。

　　☞ 言葉を発せずに、無言・沈黙、ジェスチャー、シグナル、表情で気持ちを表現す

　　　ることである。

２）日本の企業文化やビジネス文化の特徴について述べてみよう。

　　☞ 社員は共同体のメンバーである。時間を守る。丁寧な名刺交換を行う。

　　　身なりを整える。

日本では、日本文化とともに企業文化を理解してビジネスマナーや常識のある行動をする必要があります。日本の企業では、社員として入社したら自社の考えを理解した仲間として認識し、❶共同体（きょうどうたい）の参加者と見なします。日本では「沈黙は金（ちんもく　きん）」という、ことわざがあります。これは、「黙（だま）っていることは、金（きん）ほどの価値がある」という意味で、時と場合によっては、大きな声で自分の意見を言わないことも大切だということです。

日本の文化や企業文化では、❷非言語（ひげんご）コミュニケーションを使うことが多く、言葉ではなく、表情（ひょうじょう）や態度（たいど）で意思疎通（いしそつう）することがあります。また、日本では時間を守ることが重要だと考えられていますので、社外の人と初めて会う場合は❸ビジネスフォーマルで名刺を用意し、約束の時間より早めに着くようにしましょう。加えて、日本の会社では小さなことでもコツコツと一生懸命取り組むことが理想的な働き方だと考える人が多いです。

日本の企業文化と仕事の意味を理解し、採用試験（さいようしけん）に臨（のぞ）みましょう。アルバイト先でも一般常識（いっぱんじょうしき）をもち、よい人間関係（にんげんかんけい）が築（きず）けるように心がけておくとよいです。

❶同じ目的を目指して一緒に頑張る団体やグループのことである。企業は一緒に働く場所でもある。

❷人間同士のコミュニケーションの手段には言語の役割が一番大きい。しかし、言語以外のコミュニケーション方法もかなりある。

❸シャツやネクタイ、スーツを着ている姿として、フォーマルな服装のことである。

24

Step 3　報告は大切です！

スラジさん

ディネシュさん

報告をしなかったと店長から怒られました。

何か、やばいことでも、やったの？

やってないですよ。言われたままにしただけです。

それがよくなかったんだね。

なぜですか。なにが悪いのか分かりません。

仕事をして、問題はなかったか報告しなければ店長は状況が分からないよ。だから報告するように言われたんだと思うよ。

いちいち、言わないといけないですか。面倒ですね。

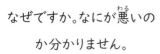

あなたに面倒をかけて困らせたいわけではないよ。仕事で報告は大事だね。

よく分かりました。店長が今の状況を知らないと、あとで困るからですね。教えてくれてありがとうございました

★考えてみよう★

1）ホウレンソウとは何か。

　☞野菜の「ほうれんそう」ではない。報告・連絡・相談のこと

2）ホウレンソウはなぜ必要なのか。

　☞情報共有、問題解決の最善策、自己発展、信頼性向上のため

これまで日本の企業文化について説明しましたが、特に重視（じゅうし）されている企業文化は、会社内のチームワークです。チームワークを高めるために、コミュニケーションは重要ですが、その役割を果たすのが❶「報告（ほうこく）・連絡（れんらく）・相談（そうだん）（ほうれんそう）」です。

まず、❷報告（ほうこく）とは、仕事の進行状況や今後の予測、結果を上司に知らせることです。仕事上の出来事（できごと）を報告（ほうこく）することで、関係者との情報共有ができます。また、報告した本人は自分の仕事を見てもらうことで自省（じせい）することができます。❸連絡（れんらく）とは、情報や出来事を関係者に簡単に知らせることです。仕事上の連絡には、自分のスケジュールや進行状況、予定変更などがあります。❹相談（そうだん）は、問題点や分からないことを解決するための話し合いのことです。問題を明らかにし、解決策を探すために行います。自分より目上の先輩や上司に行うことが多いです。「報告・連絡・相談」を確実に行うと、関係者からの信頼が得られると同時に自分の成長にも繋（つな）がります。

皆さんも今のうちから「報告・連絡・相談」を意識しながら、仕事（アルバイト）に励（はげ）むとよいでしょう。

❶お互いの考えや意思について話し合いができる手段でもある。

❷上司や関係者に仕事の経過や結果を知らせること。

❸自分の考えや現状を相手に知らせること。

❹問題点や悩みの解決のために話し合い、他人からのアドバイスや意見を受け入れて活かすこと。

Lesson　日本文化の日本語練習

日本の文化を象徴するような 4 文字熟語やことわざなどを紹介します。薄い文字を
なぞってみましょう。また、意味を調べてみましょう。

いちごいちえ
一期一会

りんきおうへん
臨機応変

す　　　　みやこ
住めば都

あうん　　　こきゅう
阿吽の呼吸

りょうやく　　　くち　　　にが
良薬は口に苦し

あめふ　　　　　じ　かた
雨降って地固まる

Lesson　企業文化の日本語練習

企業文化（Essence of culture typology）には大きく分けて次の4つのタイプがある
と言われています。"ROBERT E. QUINN AND KIM S. CAMERON'S CULTURE
TYPOLOGY"では、次の4つに分類されています。

https://www.quinnassociation.com/en/culture_typology（2022.05.20 アクセス）

自分の母語(ぼごご)で意味(いみ)を書いてみましょう。

---

①*Clan culture* 協調的文化(きょうちょうてきぶんか)：「家族文化(かぞくぶんか)」とも呼ばれ、社員(しゃいん)は家族(かぞく)の一員(いちいん)のよう

に、チームワークを大切(たいせつ)にしながら仕事(しごと)をすすめます。

母語：

---

②*Hierarchy culture* 統制的文化(とうせいてきぶんか)：社員は新しいアイデアよりもルールや決められ

たプロセスを守(まも)ることが求(もと)められます。

母語：

---

③*Market culture* 競争的文化(きょうそうてきぶんか)：「市場文化(しじょうぶんか)」とも呼(よ)ばれ、社員(しゃいん)は会社(かいしゃ)に認(みと)められ、

成果(せいか)を出(だ)すことを大切(たいせつ)にしながら仕事(しごと)をすすめます。

母語：

---

④*Adhocracy culture* 創造的文化(そうぞうてきぶんか)：チャレンジ精神(せいしん)があふれた仕事(しごと)の仕方(しかた)がよいと

され、社員(しゃいん)は新(あたら)しいアイデアを会社(かいしゃ)に提案(ていあん)することができます。

母語：

第　回	年 月　日（　　）	学籍番号 No. 名前 Name	評価

メモ欄

Stage 3　働きたい会社が決まるまで

Step 1　自分のリレキショを書いてみよう

志望動機や自分の長所と短所について、意味を理解しよう

Step 2　自分のライフ・プラン

ライフ・プランを立てる理由について考えてみよう

Step 3　やりたい仕事

自己分析とは何かを理解し、自己分析の方法を考えよう

Step 4　求人票を見てみよう

求人票の見方を理解し、記入する内容を考えてみよう

Step1　自分のリレキショを書いてみよう

スラジさん

先生！「リレーショ」って、何ですか？

私は今まで学生（がくせい）だったので何にも書かなくていいですね。

それなら、簡単（かんたん）です。

えー！短所も書くんですか。

自己紹介みたいなのが履歴書なのに！何で短所を・・・。なんでだろう？？？？？

田中先生

リレー・・・・？履歴書（りれきしょ）のことですか。それなら、スラジくんが今までやってきたキャリアを書くものですね。

そんなことはありません。まず、履歴書には自分の名前や連絡先を書きますよ。

他（ほか）にも自分（じぶん）の長所（ちょうしょ）や短所（たんしょ）、簡単（かんたん）な自己紹介（じこしょうかい）のようなものを書きますよ。

短所を書くのも重要です。

★考（かんが）えてみよう★

1）履歴書には何を書くか。

☞氏名、生年月日、住所、連絡先、学歴・職歴、免許・資格、志望動機、長所・短所
　など。履歴書の種類によって多少内容が異なる。

2）上記の1）の中で、皆さんを採用したい会社は何を重視していると思うか。

☞志望動機（なぜ、この会社に入りたいのか）、長所と短所（特に自分の短所を理解
　し、どう対応しているのか、会社が確認したいため。）

皆さんは、どのような仕事に興味がありますか。また、どのような仕事をしたいと思っていますか。就職するための重要な書類の１つが❶履歴書です。履歴書は採用選考用の資料として使われます。学生の場合、履歴書には学歴を中心に自分のことを詳しく記入します。履歴書の様式は一般的に日本産業規格（JIS）で決められていますが、企業が指定しているものを使ったり、大学が作っているものを使ったりする場合もあります。

履歴書には、まず基本情報として、氏名、生年月日、住所や電話番号などの連絡先を書きます。次に、❷学歴・職歴の欄がありますが、学歴を先に書いて、次に職歴を書きます。アルバイトは職歴になりませんので、一般的には書きません。「❸免許・資格」の欄には、運転免許や合格した資格・検定試験を書きます。また、志望動機などを書く欄があります。ここには、なぜ、この会社に入社したいのか、その理由を具体的に書きます。また、自分が得意とする分野や特技、好きな勉強（科目）など、自分の「強み」を記入します。さらに、自分の❹長所と短所を書く欄があります。短所を書く理由は、会社は皆さんが、どのように短所に向き合っているか知りたいためです。

❶履歴書は企業が社員を採用するために最も重視する書類である。丁寧に事実を書くことがなによりである。

❷学歴には、学校で勉強してきた経歴を書く。職歴には、仕事上での経験を書く。

❸免許には、運転免許などのライセンスのことを記入する。

❹長所とは自分のいいところや得意なことである。短所とは自分の悪いところや苦手とするところである。

Step 2　自分のライフ・プラン

田中先生：アインさん、ワーク・ライフ・バランスという言葉を聞いたことがありますか。

アイン：ライフとかワークとかは何となく分かりますが・・・

スラジ：なんですか…。ぼくは、さっぱり分からない。

アイン：先生！ワークは働く。ライフは生活。バランスは規則正しい生活、バランスをとれた食事とか…。

田中先生：そうですね。働くことと生活をバランスよくして、暮らすことを言いますよ。

スラジ：えー！そんなのは無理でしょう。時間をかけて一生懸命（いっしょうけんめい）に働かないと会社を辞めさせられるのではないですか。

★考えてみよう★

1）ライフ・プランとは何か。

　☞人生の計画図・設計図のこと。ワーク・ライフ・バランスを考え、将来への資金の準備をすること

2）ワーク・ライフ・バランスが実現できるように、どうすれば良いか議論してみよう。

　☞キーワード：スキル・アップ、仕事の効率化、仕事と生活の充実性

皆さんは❶ライフ・プランについて考えたことがありますか。ライフ・プランとは、これからの自分の人生を考え、設計してみることです。自分のライフ・プランを立てることで、将来のお金や生活の不安を軽減することができます。今から、将来、必要になるお金の計算をして準備をしましょう。

　皆さんは日本の生活が大変で、ストレスを感じている人もいるでしょう。アルバイトと学校生活をうまく両立するのは、とても大変です。日本政府は、「人生100年時代構想会議」というスローガンを掲げ、生活と仕事の調和を求めるライフ・プランを提案しています。仕事ばかりするのではなく、❷ワーク・ライフ・バランスの調整が重要です。そのためには、働く時間は可能な限り短時間で業務成果をあげることが大切で、そうするためには、皆さん自身が❸スキル・アップを図る必要があります。

　企業では、世代や性別・国籍の違いなどから、多様な価値観をもつ人が働いています。そのような人材を生かすことは、仕事の効率化や競争力の強化につながります。スキル・アップのために何ができるか考えてみましょう。

❶多くの人は、将来、就職、結婚、転職や退職などをする。それらを行うためには資金の確保について考え、事故や病気の心配をするだろう。将来、安心して暮らせるように準備しておくことを・ライフ・プラン（人生の計画）という。

❷生活と仕事の時間を分けて上手に調整できること (Work and Life Balance)

❸経験や熟練を生かし、もっと上手に仕事ができるようにすること (Skill up)

Step 3　やりたい仕事

田中先生

スラジさん

スラジくん、就活を
していますか？

就活は「就職活動」のことですか。
就活はまだです。どうすればいいか
全然分からなくて…。

まずは、学校で勉強したものを
生かして、何をやりたいか、何が
自分に合うか、自己分析すること
が就活成功への近道になります。

自己分析が難しくて、
私に就活は無理です。
もう諦めたいです。

もう諦めるなんて早いですよ。どの
ような業種や職種があるのかを調べ
たり、会社に関心をもって勉強した
りすれば、就職はできるはずです。

業種とか職種とか、難しい
日本語ばかりで、やはり私
には無理です‥‥。

まず、やってみましょう。「千里の道も
一歩から」ですよ。やればできます！！

★考えてみよう★

各業種に当てはまるのを右にある記号で答えよう。

1）レストランや居酒屋を運営している（　　）
2）野菜や米を作っている（　　）
3）建物、道路、橋を作っている（　　）
4）船で魚を取っている（　　）
5）ホテルを運営している（　　）
6）車を作っている（　　）
7）車を売っている（　　）

【解答】は P.128 にあります。

⑦漁業
⑦宿泊業
⑦飲食サービス業
⑦製造業
⑦販売業
⑦建設業
⑦農業

将来、皆さんは会社でどのような仕事をしたいですか。「社長になりたい」「お金持ちになりたい」というような漠然としたイメージではなく現実的に考えてみましょう。大きくて有名な会社に就職したいと考えていますか。自分がやりたい仕事をするためには、自分に合う会社を探し、そこでどのようなことができるのか工夫することが重要です。

そのために、企業、❶業種、❷職種の意味を理解しましょう。業種は、日本の企業を事業内容で分けたもので、❸業種の種類は約20個あります。例えば、食事ができるレストランや居酒屋をやっているところを飲食サービス業といい、米や野菜を作る仕事は農業という業種になります。業種と似た言葉に、❹業界があります。

例えば、車を作ったり売ったりする企業団体は「自動車業界」といいます。その中で自動車を作っているところは「製造業」、車を売る企業であれば「販売業」となります。自分が車を売るなら「営業」という職種、車を作るなら「生産技術系」という職種になります。

❶同様な種類の産業や業種と関係している組織や社会のこと。

❷働いている職務や職業の種類のこと。

❸業種を例えると、「製造業、建設業、漁業、保険業、運輸業、卸売業・小売業、宿泊業、医療・福祉業など」がある。

❹業種や同じ商品を取り扱っている会社のことで、同じ仕事をしている人や企業のことを指す。

36

Step 4　求人票を見てみよう

昨日、ハローワークに
行ってきたんだ。

求職<small>（きゅうしょく）</small>のための情報を
出すためだよ。

何のために?

求職のための情報?
それを出してどうなるの?

仕事を探している人は情報を登
録する必要があるんだよ。

登録ですか。登録すれば、それ
だけで就職できるの?

すぐに就職できるわけではないよ。
今回はハローワークに登録しましたが、求人サイト
などに登録する方法もあるんだよ。それが就活の
スタートになるよ。

★考えてみよう★
1）皆さんの就職したい会社を紹介してくれるところ3か所を書いてみよう。
　　☞マイナビ、ハローワーク、先輩やアルバイト先などの知り合い
2）ハローワーク受付票は、いつもらい、そこには何の番号が書いているか。
　　☞求人票を提出するときにもらい、求職番号が書かれている

Stage 1 Step 4 で「就職サイト」について説明しましたが、有名なものにマイナビやリクナビがあります。これらに登録しておくと就職のための情報が送られてきます。これら就職サイト以外に国の組織にも就職を紹介してくれるところがあります。

それは、❶ハローワーク（公共職業安定所）です。ハローワークは日本人だけではなく、正式な社員として日本で働くことが可能な外国人、あるいは今後、日本で働く予定である留学生のために相談を受けたり仕事の紹介をしたりしています。興味がある人はハローワークに登録しましょう。登録をするときは、在留カード、学生証、パスポート（在留カードで❷居住地などの確認ができない場合のみ）が必要です。忘れずに持っていきましょう。ハローワークの方と相談しながら、求人票を提出すると、❸ハローワーク受付票をもらいます。その受付票に書いてある❹求職番号を控えておきましょう。ハローワークの紹介で採用希望企業から資料（履歴書など）の提出を求められる場合があります。また、ハローワークの方が、あなたと採用希望企業との間で面接の日程を調整してくれることもあります。

❶ハローワークは日本全国に約600か所ある。外国語で相談ができるところもある。

❷居住地とは、今、自分が住んでいるところという意味である。

❸求人票に、探している仕事の詳細を書く。その後、その情報がハローワークに登録できたことでもらう票のことである。

❹仕事を探しているときにもらう自分だけの番号のことである。

Lesson　仕事の日本語練習

あなたはどのような会社で仕事をしたいですか。下の表は、自分の性格（タイプ）と向いている仕事を表したものです。参考にしてみてください。

	あなたのタイプ	向いている会社の例
PR重視タイプ	社会性があり、人との付き合いが上手である。円満な人間関係をつくることができ、チームワークを大切にするタイプ	サービス系企業、流通系企業、医療福祉系企業
活動的タイプ	活動的で、問題があれば自ら解決していくタイプ	起業、ベンチャー系企業
プロセス重視タイプ	決められた会社の方針やルールに従って、円滑な業務を行いたいタイプ	事務系または組織管理系企業
アイデア重視タイプ	新しく、これまでにないモノを考えるのが好きなタイプ	新製品開発系またはモノづくり・クリエイティブ系企業

あなたは、どのタイプでしたか。向いている会社を調べて、書いてみましょう。

あなたのタイプ	向いている会社

Lesson　会社の日本語練習

下記の用語は、会社関連の日本語を示したものです。日本語と英語を書いていますので、みなさんの母語で書いてみてください。

日本語	英語	母語
会社（かいしゃ）	company	
指導者（しどうしゃ）・リーダー	leader	
本社/本店（ほんしゃ・ほんてん）	Headquarter(s) / Head Office / Main Office	
支店（してん）	Branch / Branch Office / District Office	
事務所（じむしょ）・営業所（えいぎょうしょ）	office	
市場（しじょう）	market	
消費者（しょうひしゃ）	consumer	
顧客（こきゃく）	customer	
工場（こうじょう）	factory	
品物（しなもの）・グッズ	goods	
通信販売（つうしんはんばい）	mail order	
質問事項（しつもんじこう）・アンケート	questionnaire	
フリーダイヤル（無料の電話）	toll-free	
口コミ（くちこみ）	word-of-mouth	

第　回	年 月　日（　　　）	学籍番号 No.	評価
		名前 Name	

メモ欄

Stage 4　働きたい会社が決まったら

Step 1　自己推薦

　自分の長所やスキルを生かして、就職活動に役に立つものは何かを理解しよう

Step 2　行きたい会社を詳しく知る

　業界研究や職種研究、企業研究の必要性を理解し、行きたい会社を決めよう

Step 3　インターンシップ

　インターンシップの意味を理解し、インターンシップ制度を積極的に活用しよう

Step 1　自己推薦

ディネシュさん

アインさん

アインさん！自己推薦書を書きましたか。

ディネシュ先輩！
自己PRなら、ばっちりです。

自己PRじゃなく、自己推薦書だよ。

自分が自分を推薦するって!?
自己PRと何が違いますか。

自己推薦書は自分が会社の中でどのような仕事ができるのかを分かりやすく伝えるものですね。

では、上手く書けるコツはありますか。

まずは自分の長所や強みを一つ書いてみる。それから、その強みを生かして、どのような仕事ができそうかを書けば、なんとかなるよ。

履歴書を書くとき、自分の長所を書いたので、これを生かして書いてみよう。

そうですね。自己推薦書の内容を面接のとき、よく聞かれるよ。私はこれで内定をもらえたかもしれません。

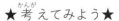

★考えてみよう★

1）自己推薦書を書くためには、どのような内容が必要か。
☞自分の長所・強み、長所と関連するエピソード、1つのアピール内容、自己分析
2）自己推薦書を書く時のポイントについて書いてみよう。
☞ストーリーの一貫性、就活先企業で頑張れる根拠、エピソードに関連するアピール
　ポイントの証拠、自分の長所やスキルの生かし方と働くときの決心や覚悟

❶自分がよく出来ていることを自分自身でまとめること。

❷自己紹介書は自分がどんな人で、その自分を知ってもらうために書くもの。

❸企業が自社で必要とする仕事の内容、例えば職種のようなもの。

❹勉強や訓練経験などによって仕事が上手にできること。

❺長所と関連する具体的なエピソードを書き、それをどのように対応したのかを書くと伝わりやすい。

自己PRとは何でしょうか。Stage3では、長所と短所について、特に皆さんが短所をどのように乗り越えたのかを伝えることが大切だと説明しました。ここでは「❶自己推薦書」について説明します。自己推薦書とは何か聞いたことがありますか。

自己推薦書は、自分のプロフィールを書く❷自己紹介書ではありません。自己推薦書は自分が優れているところを会社にアピールするものです。また、会社が自分を採用すると、会社にとって、どのようなメリットがあるのかを伝えるものでもあります。そのため、自己推薦書は就職活動先の企業の❸公募内容と自分のアピールしたい強みが一致している必要があります。

このことから、自己推薦書へは「自分が就職したい企業で活躍できる内容」「自分を採用することによる企業側のメリット」を的確に書きましょう。具体的には、公募職種に必要とされている❹スキルに対し、どのように対応できるかを書きます。「頑張ります。」というやる気だけを示すのではなく、これまでにやってきたこと、これからどうやって働いていくのか、実際の行動を書きます。自分の❺アピール内容がよく伝わるように書くには、ポイントをしぼって1つだけ書くとよいでしょう。

Step 2　行きたい会社を詳しく知る

スラジ：あのさー、私に合う仕事って、あるかな。業界、職種と言われても…。

スラジ：しまった。仕事はみんな同じだと思い、事務・アシスタント募集に応募したよ。

アイン：業界は同じ内容の仕事をやっているような会社の集団で、職種とは１つの会社の中で行う仕事の内容とか役割のことかな。例えば、営業、販売スタッフとか。

アイン：自分の長所というか、自分が好きな職種を選ばないと。

田中先生：スラジくん、人間って、好き嫌い、スキルの程度、向き不向き（むふむ）があります。得意とする分野、職種選びはとても重要ですよ。

スラジ：先生、それは難しいです。

田中先生：でも、自分の能力を生かす、自分に合う会社を探すためには重要なことですよ。スラジくん、頑張ってくださいね。

★考えてみよう★

1）業界に当てはまるものを下にある記号で答えましょう。

3）職種に当てはまるものを下にある記号で答えましょう。

(a) 商社	(b) 事務・管理	(c) 宿泊業	(d) 営業
(e) ＩＴ	(f) 技術・研究	(g) 専門職	(h) 販売業
(i) 金融業	(j) 建設業	(k) 農業	
(l) 製造業（メーカー）	(m) 飲食・サービス業		

【解答】は P.128 にあります。

皆さんが安定した生活を送るためには、自分がやりたい仕事ができ自分の能力に合った、そして自分を必要とする会社に就職することが重要です。そこを慎重に行わず、安易に就職すると入社してから後悔することがあります。そのためには、しっかり❶業界研究をしましょう。業界研究とは、その業界の業務を理解し、業界の全体像を知ることです。業界研究の方法は、まず、自分が興味のある業界を絞り込み、インターネットなどで、その❷業界の特徴を詳しく調べてみるとよいでしょう。

職種研究とは、職業の種類を知ること、また企業が必要としているスキルを知ることです。職種によって必要なスキルや能力は異なるので、しっかり理解することが大切です。

職種には、一般的に事務・管理、❸企画、営業、販売・サービス、金融、技術・研究、IT、専門などがあります。自分が希望する職種が分かったら、次は具体的に採用を希望する企業の状況を調べましょう。その方法は、企業の❹経営理念や企業戦略、業績、経営資源を調べます。他に、人材・組織、職場の雰囲気、社員への評価・処遇についても詳しく確認しましょう。

❶業界研究の目的は、日本の業界の種類を知り、自分の希望に合う業界や企業を見つけるためである。また、志望動機を明確にするためでもある。

❷日本の業界にはメーカー、商社、金融業、卸・小売業、サービス業、情報・通信業などの分野がある。

❸事業展開を予測して目標達成のために最善策を立てていく過程である。

❹経営の目的としての経営者の理想的な考えのことである。

46

Step 3　インターンシップ

アイン：スラジ君、インターンシップに参加するの？

スラジ：そうだけど、嫌なんだよね。会社まで行かないといけないし、アルバイト代もくれないから。

アイン：目先のお金も大事だけど…。

ディネシュ：スラジくん、インターンシップは日本企業で実際に仕事を体験するという大きなメリットがあるんだよ。

スラジ：体験と言われても…。

ディネシュ：企業人と直接会ったり、見学したりすることで、日本の会社の雰囲気を実感できることだね。

スラジ：頭で覚えるのではなく、体で覚えるんですね。それなら、私にぴったりです。

★考えてみよう★

1）インターンシップにはどのようなメリットがあるか。
　☞労働慣行の実感、コミュニケーションのスキル・アップ、ビジネスマナー習得、
　企業研究など

2）インターンシップの形態にはどのようなものがあるか。
　☞講義型、見学型、課題解決型、体験型

❶インターンシップとは、興味のある企業で実際に働いたり、業務体験をしたりする制度のことである。

❷企業が長い間、習慣としてやっていることが、事実上の制度になっていることをいう。

❸日本企業の労働習慣を理解することで、企業人とのコミュニケーション能力が向上する。

❹業界や業種、企業における職場の雰囲気を直接的に接することで企業に関する知識が深まる。

　皆さんは、日本の会社を訪問し、見学したことがありますか。また、「インターンシップ」について聞いたことがありますか。

❶インターンシップとは、会社で試しに働いてみることです。社員のように働く場合もありますが、企業によって給料が支払われたり、支払われなかったりします。給料の有無にかかわらず、参加者は業界や企業の理解を高めることができ、学校では学べないような体験をすることができます。実際の企業の雰囲気を感じ、働き方をイメージできる、よい機会になります。

　このメリットを生かして積極的にインターンシップに参加するとよいでしょう。ここでは、その４つのメリットをあげます。１つ目は日本企業の❷労働・業務の慣行を実感できることです。２つ目は関係者との❸コミュニケーションを取る機会が増えることです。３つ目は実際のビジネスマナーを学べることです。４つ目は業界や職種、❹企業研究に役に立つことです。

　インターンシップの形態には、講義型、見学型、課題解決型、体験型があります。それぞれ特徴がありますので、どの形態が合っているか、しっかり検討してから参加しましょう。

Lesson　自己推薦書の日本語練習①

「SWOT 分析」を使って、自分のことを分析してみましょう。

「SWOT」とは、Strengths（強み）、Weaknesses（弱み）、Opportunities（機会）、Threats
（脅威)の言葉の頭文字を取ったものです。

あなたが思う自分自身のことについて、下の表に書き込んでみましょう。

Strengths（強み）：自分のこと	Weaknesses（弱み）：自分のこと
例：努力できる、日本語が得意	例：PC が苦手、朝、起きるのが苦手
Opportunities（機会）：社会的なこと	Threats（脅威）：社会的なこと
例：グローバル人材のニーズが増加	例：人工知能（AI）で働く場所が減少

あなたは、人からどのように思われているか、知りましょう。

あなたの友達に「あなたのこと」を聞いて、下に書き込んでみましょう。

Strengths（強み）	Weaknesses（弱み）
Opportunities（機会）	Threats（脅威）

Lesson　自己推薦書の日本語練習②

自己推薦書を書く練習をしてみましょう。

まず、前のページで書いた「Strengths（強み）」から、特にアピールしたいものを２つ選んで下に書きましょう。

1.

2.

次に、２つの強みに関するエピソードを書いてみましょう。

例：努力できる・・JLPT試験のために毎日必ず１時間以上勉強した

1.

2.

上に書いた２つのうち、どちらが会社にとって、メリット（価値）があるでしょうか。

１つ選んで、その理由を書いてみましょう。

---

1. or　2.　　選んだ理由

_____

_____

_____

第　回	年 月　　日（　　　）	学籍番号 No. 名前 Name	評価

メモ欄

Stage 5　インターンシップが決まるまで

Step 1　会社説明会

会社説明会には会社単独の説明会、合同説明会、セミナー形式の説明会があります

会社説明会の種類を知り、自分の希望にあった説明会を選んでみよう

Step 2　エントリーシート

エントリーシートに書く項目について、それぞれの専門的な言葉を理解しよう

Step 3　自己紹介・エントリーシートの書き方

志望動機、自己PR、学生時代に力を入れたことを書けるようにしよう

Step 4　自己分析

自分の過去・現在・未来を通して、企業人としての自分の夢を描いてみよう

Step 1　会社説明会

スラジさん　　　　　　　　　　　　　　　　　　アインさん

就活なのに、なぜ会社は僕らに説明会をするのかな?会社は学生たちに何か商品でも売りたいのかな?

そんなことはないよ。

えっ?!
説明会って、僕たちが自分のことを会社に説明するのではないの?

会社が学生のために、会社のことをよく知ってもらうために行うのが説明会やセミナーだよ。

よく知っているね。
もう行ってきたの?

3月からすでに始まっているよ。

ひどい!!!こっそり、内緒（ないしょ）で…。

そういうのは、自分（じぶん）で探（さが）して参加（さんか）するものだよ。
人のせいにしないようにね。

★考えてみよう★

1）皆さんが企業説明会に参加するための情報は、どこから得ることができるか。
　　☞ 学校の掲示板、先生・先輩・友達、企業の HP や企業からの連絡、就職情報
　　　　が掲載されているインターネットサイト、就職関連雑誌など

2）企業説明会には 3 種類あるが、それぞれの特徴は何か。
　　☞ 企業単独の説明会、企業合同説明会、セミナー形式の説明会

就職活動を行う中で、「❶会社説明会（かいしゃせつめいかい）」に参加すると、とても役に立ちます。就職したい会社の採用担当者と直接話をするので、その企業の雰囲気を知ることができるからです。

❶企業の関係者と会って当該企業の仕事内容を直接確認できる。

説明会の内容は会社によって異なりますが、概（おおむ）ね❷募集要項（ぼしゅうようこう）を中心に業種や業界の状況や仕事内容、働き方について説明され、質問があれば直接尋（たず）ねることができます。参加者は、会社の説明から、自分が就職したい会社なのかどうか判断します。

❷募集にあたる人数、仕事内容、期間などを書いている資料のこと。

多くの会社の説明会は、毎年3月頃（ころ）から始まります。会社説明会は主催（しゅさい）する会社によって3種類に分けられます。1つ目は、「企業が単独で開催する説明会」です。1つの会社について詳しく知りたい場合は、この説明会に参加するとよいでしょう。2つ目は、「多くの会社が参加する説明会（❸合同説明会（ごうどうせつめいかい））」です。広い会場に多くの企業が集まって行われますので、短時間で他の企業と比較することができます。3つ目は、説明会ではなく「❹セミナー」と呼ばれるものです。セミナーは、ディスカッションや勉強会が行われるなど、説明会よりも会社や業界について深く理解することができるでしょう。

❸説明会を主催する企業が多いため、それぞれの企業から情報が得られ、自分なりの比較ができる。

❹企業が自社の業務理解を求めて具体的な選考を進めるセミナーのこと。

Step 2　エントリーシート

田中先生　　　　　　　　　　　　　　　アインさん

アインさん！
エントリーシート
を出しましたか。

えっと！
それは会社説明会に行
くための申込書ですか。
それとも、エントリーと言
っているので、なにかに
参加することですか。

いいえ。そうではありません。
履歴書を提出する前に、この会社
でアインさんが働く気持ちがある
ことを伝えるためのものです。

そうですか。
エントリーだから、会社説明会に
行くものだと勘違（かんちが）いしました。

自分から積極的に申し込まない
といけないですよ。期日までに
提出しないと採用試験を受ける
こともできません。
忘れずに提出してくださいね。

かなり大事な資料ですね。
なるべく早く、提出期日の
１週間前には提出します！

★考（かんが）えてみよう★

1）エントリーシートはどこから入手できるか。
　　☞就職情報（しゅうしょくじょうほう）サイト、企業（きぎょう）のホームページ、企業説明会（きぎょうせつめいかい）などで直接もらう

2）エントリーシートに書く重要なものには何があるか。
　　☞自己PR、志望動機（しぼうどうき）、学生時代に力を入れたことなど

❶エントリーシートは就活の始まりの段階で、自分が仕事を探していることを企業にアピールすることである。

❷応募書類には、成績証明書、卒業見込証明書、履歴書、エントリーシートなどがある。

❸企業では従業員を円滑に活用するために個々のデータが活用されている。

❹全ての資料に、誤って書いた文字や文書、変換ミスがないか、先生や先輩に確認してもらうとよい。

❶**エントリーシート**は、就職活動の中で、とても大切な書類です。言葉の意味どおり、エントリー（**Entry**）は会社に「入ること」で、シート（**Sheet**）は「紙・資料」という意味です。つまり、エントリーシートとは、皆さんのような就職したい人が必要な情報を書いて会社に提出する❷**応募書類**です。

履歴書だけで採用選考を進める企業もありますが、エントリーシートの提出を求める企業も多いです。エントリーシートは採用選考のために使い、履歴書は主に❸**人事管理**のために使います。採用に繋がるようにするためには、エントリーシートに書く内容をしっかり検討して、誠実に書く必要があります。

エントリーシートには、一般的に「自分の住所、連絡先、所属大学の情報」などの基本情報を書きます。加えて、「志望動機や自己 PR、学生時代に力を入れたこと」を書きます。エントリーシートの様式（ひながた）は、リクナビやマイナビのような就職 Web サイトのものか、会社が独自に作ったものか、会社によって異なります。❹**エントリーシートの提出**をする前に、日本語の文字の間違いがないか、提出書類が整っているか確認します。提出期限を待たずに、早めに提出するようにしましょう。

Step 3　自己紹介・エントリーシートの書き方

スラジ：ディネシュ先輩、就職する
ために、エントリーシートは絶対に
必要ですか。

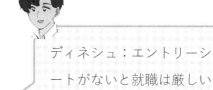

ディネシュ：エントリーシ
ートがないと就職は厳しい
かもしれないよ。

スラジ：そうですか。
でも、面倒くさいし、
書き方も難しそうだし…。

アイン：私も最初はそう思ったよ。でもこの間、
少しずつ書いたのを先生にみせたら、「自己
PR を面白く書いた」と褒められたよ。

ディネシュ：そうだね。少しずつでも
書いてみると何とかなるよ。

スラジ：そうですか。
うまく書けなくて……
ディネシュ先輩！
簡単に書ける方法は
ありませんか。

ディネシュ：まず、書いてみると勉
強になるよ。僕はエントリーシート
が上手に書けたので、内定をもらっ
たような気がするよ。
頑張ろう！

★考えてみよう★

1）志望動機に書くべきポイントには、どのようなものがあるか。

☞当該企業に惹かれた理由、エピソードのような具体的な事例、自分がどのように当該
企業に貢献できるか、企業が自分を必要とする理由など

2）自己 PR に書くポイントは何か。

☞日本で勉強している理由、JLPT、日本語以外の言語能力、アルバイト・インターン
シップ・実務の経験、PC スキル、その他の取得している資格や免許など

エントリーシートに書く３つの重要なポイントについて、詳しく説明します。１つ目は❶志望動機です。志望動機には、「入社したい自分の気持ち、入社後、会社でどのような仕事をしたいのか、会社にどのような❷貢献ができるのか」を書きます。会社の何（what）に魅力を感じたかではなく、なぜ（why）魅力を感じたかを書きます。「私が貴社（または御社）を志望した理由は、〜」と書き始めると、分かりやすいでしょう。

２つ目は❸自己PRです。企業側が留学生に求める資質やスキルには「仕事に必要な日本語力・コミュニケーション能力、日本語以外の語学力、仕事への適応力や行動力」などがあります。これらを自分が会社に役立つ能力として書くとよいでしょう。

３つ目は学生時代に力を入れて頑張ったことです。例えば、「授業、ゼミナール活動（ゼミ活動）、アルバイト、ボランティア活動、スポーツ、学校外でのイベント」などです。まず、印象的な❹エピソードを書きます。そして、そのエピソードについて、どのように力を入れたのか、その結果どのようなことが得られ、どのように成長できたのか具体的に書きます。

❶志望動機は応募企業に入社したい熱意、入社後の活躍イメージを持ってもらうために書くものである。

❷貢献とは、自社の発展に役に立つことである。

❸留学生として、皆さんが日本を選んだ理由、TOEICなどの日本語以外の言語能力、JLPTの程度、資格、奨学金有無、PCスキルなど中心に書く。

❹自分が経験した学業、部活、アルバイトなどを取りあげる。

Step 4　自己分析

アインさん　　　　　　　　　　　　　　　　田中先生

先生、自己分析を書くのは
本当に難しいですね。

なぜですか。

私自身の過去や現在、そして未来
を考えて、自分としてどうすべきか
を考えることが分析ですね。そうい
うことだと分かってはいますが…。

それでいいと思い
ますが、何か問題が
ありますか？

人が判断するのではなく、私自身
が自分のことを分析する方法が
分かりません。

まず自分の長所と短所を書き
出します。特に短所を理解した
うえで、その短所についてどう
対応してきたのかを書くのが
重要ですね。

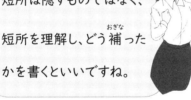

やっと分かりました。
短所は隠すものではなく、
短所を理解し、どう補った
かを書くといいですね。

そうですね。
短所を書くところは
そのためにあります。

★考えてみよう★

1）自分の長所だけではなく、短所を書く理由は何か。
　　☞自分自身の短所を理解し、短所への対応方法を伝えるため。

2）自己分析に必要なものには何があるか。
　　☞自分の長所と短所、自分の専門や能力、自分の価値観や人生観、仕事と関連する
　　　将来の夢など。

❶自己分析と
は、過去を通し
て今の自分を見
つめ直し、今ま
で気づかなかっ
たありのままの
自分を理解する
ことである。

❷エントリーシ
ートや履歴書で
書いた長所と短
所を生かす。

❸価値観とは、
ものごとの評価
や判断の基準で
ある。人生観と
は、生きていく
ことに対する理
解や態度、見方
である。

❹日本の企業で
実際、働いてみ
ること。日本の
企業文化への理
解が高まり、就
活に生かされ
る。

❶自己分析について説明します。自己分析とは、自分自身のこ

とを深く知ることです。具体的には、①自分の❷長所や短所、好

きなことや嫌いなことを自分で確認すること、②自分の専門や

能力、自分が考えている❸価値観や人生観を自分なりに分析する

こと、③仕事に関する自分の将来の夢を整理することです。

　自己分析の目的は大きく分けて2つあります。1つ目は就職

のためで、自分が就職したい会社の面接試験で自分をアピール

するためです。もう1つは、「そもそも就職とは？仕事とは何

か？」を考え、人生で大切にしたいことを考えるためです。

　自己分析の方法は、これまで自分がやってきた過去の自分の

出来事を書き出し、未来に向けて、どのようなことをやってい

きたのかをリストアップすることから始めましょう。そして、

そのために会社でどのように働きたいのか書いてみます。

　さらに、「なぜ、日本に留学することにしたのか、なぜ日本で

働きたいのか」という項目も付け加えてみましょう。このよう

なことを明確にして❹インターンシップに参加すると、自分で

自分のことがよく分かり、自信をもつことができるでしょう。

Lesson　エントリーシートの日本語練習①

履歴書は様式や書く内容はほとんど同じですが、エントリーシートは会社によって様式や書く内容が異なっています。下のエントリーシートを書いてみましょう。

○○株式会社　エントリーシート		
フリガナ	（姓）	（名）
氏　名		
学校名	大学・専門学校名（学年）： 学部・学科： 専攻　　：	
連絡先	電話番号： E-mail　：	
取　得 資　格		
特　技		

学生時代に特に力を入れて取り組んだことは何ですか。

あなたは10年後どうなっていたいですか。

Lesson　エントリーシートの日本語練習②

　前のページでは、エントリーシートを使いながら、「自分自身のプロフィール」について書きました。ここでは、「あなたの強み」を会社にアピールする気持ちで書いてみましょう。次のことに気をつけながら書くとよいです。

　①会社が採用したい人物像を確認する

　⇒　いくらよい文章を書いたとしても、会社が採用したい人物像と異なっていれば、その会社へ採用されることは難しいです。

　②質問の意図をきちんと理解する

　⇒　「なぜ、会社はこのような質問をしてくるのか」をよく考えてみましょう。そのうえで、答えをよく考えてみてください。

　③わかりやすい文章を書く

　⇒　よい答えであったとしても、誤字や脱字が多く分かりにくい文章なら、あなたの気持ちや考えは会社にうまく伝わらないので、気をつけましょう。

あなたが、これまで挫折した経験と、挫折から学んだことについて教えてください。

日本に来て、新たに何かに挑戦したことはありますか。

第　回	年 月　日(　　)	学籍番号 No.	評価
		名前 Name	

メモ欄

Stage 6　入社試験 1 週間前

Step 1　筆記試験の準備

　「適性検査、一般常識試験、作文・小論文」はどんな試験なのか理解しよう

Step 2　面接の準備

　学校生活、志望動機、自分の強みを自分の言葉で話ができるようにしよう

Step 3　入社試験 1 週間前のチェックリスト

　自分が試験を受ける会社のホームページの内容を理解し、その会社の事業内容と

　自分の専門を関連付けて、話ができるようにしよう

Step 4　面接の総まとめ

　面接で聞かれそうな、「日本での就職理由、就活先の会社を選んだ理由、学校で

の勉強内容、やりたい職種、自分の長所を生かしたエピソード、将来の夢」な

どを分かりやすく話せるようにしよう

Step1　筆記試験の準備

スラジさん

ディネシュさん

日本では試験ばかりで、もう嫌ですね。就職するための書く試験とか…

会社によっては試験が３回もあるよ。

そんな！
ある先輩は試験なしで就職できたと自慢していたのに。

筆記試験や面接があるのが普通だよ。

そうですか。
筆記試験は何かを見ながら書けばいいですか。

いいえ。一般的な試験では何も見ることができないよ。企業側が出した問題に対して自分の考えをまとめて書くようにしよう！

そういえば、学校の先生から試験のとき「自分の考えや自分の意見で書いて」と、よく言われていました。

試験勉強をまじめにすれば、就職向けの筆記試験も何とかなるよ。
日頃から勉強しないと。

★考えてみよう★

1）筆記試験のとき、最も必要な日本語力はどれか。
　☞(a) 聴解力（聞き取り）、(b) スピーキング力、(c) 読解力、(d) ディスカッション能力
2）筆記試験の種類について書き込んでみよう。
　（1）（　　　　　）検査　　　（2）（　　　　　　　）試験　　　（3）作文・（　　　　　）
3）（一般常識試験の例）次の日本の都道府県の中で最も面積が広いのはどこか。
　（1）東京都　　（2）愛知県　　（3）北海道　　（4）沖縄県

【解答】は P.128 にあります。

会社に就職するためには入社試験を受ける必要があります。一般的に試験内容は、筆記試験と面接です。ここでは、まず筆記試験について学びましょう。筆記試験は、英語で行う場合もありますが、基本的には日本語で行われます。筆記試験は問題用紙に書かれている問題文を読み、その内容を理解しなければなりませんので、日本語の❶読解力が必要です。

筆記試験は、仕事に必要な一定レベルの知識や十分な学力を持ち合わせているのか、また、仕事で求められる思考力や判断力、作業能力があるのか調べるために行います。そして、面接時の資料や応募者が多い場合の❷選考材料にもなります。

筆記試験の種類には3つあります。1つ目は皆さんの性格や行動特性を試す適性検査です。適性検査には基礎的な知識や学力、職業適性の把握のための「能力適性検査」、性格や行動特性、職務適性の把握のための「性格適性検査」、これらの両方を行う「総合適性検査」があります。2つ目は基礎的な学力や社会人として必要な知識能力を試すための❸一般常識試験です。3つ目は職務的な視点、論理的な思考力、創造力、情報収集力を試すための作文や小論文を❹書く試験です。

❶志望する企業がどのような試験を行っているのか調べて、試験に必要な読解力を知ることが重要である。

❷企業側は筆記試験を通じて入社志願者が自社に適切な人物なのか、事前に判断する材料となる。

❸一般常識試験の対策として、普段からニュースを生かした勉強が必要である。

❹この試験の対策としては、普段から日本語を分かりやすく書く練習が必要である。

Step 2　面接の準備

アインさん

田中先生

先生、面接が心配です。
筆記試験は書く試験だから
何とかなりそうですが…。

そうですね。はじめて会った
目上の人と話すのは、確かに
心配で緊張（きんちょう）しますね。

はい、緊張して
上手に言えなくな
りそうで心配です。

あまり心配せず、練習すれ
ば、どうにかなりますよ。

練習って
なんですか!?

模擬面接（もぎめんせつ）を何回もすれば、気持ちが
楽になり、緊張が和（やわ）らぎます。

具体的な方法がありますか。

面接で想定される質問
を予想し、答えてみる
といいですね。

でも不安だらけです。

「案（あん）ずるより産（う）むが易（やさ）し」といいます。模擬面接の様子
を動画で撮ったり、友達や先生を面接官役にしたりして
改善点やアドバイスを生かせば、上手になりますよ。

★考えてみよう★

1）面接形態には、個人面接、グループ面接、グループディスカッションがある。
　　「自己紹介➡役割分担（進行役、書記、発表者など）➡討議➡発表」の順で行う面接
　　は、どのような面接形態か。

2）面接に受かるためには面接の順にしたがった模擬面接が重要である。面接の順番を
　　次の数字で正しく並べてみよう。
　　☞（1)入室　(2)受付　(3)退出　(4)面接中　(5)控室　(6)会場に到着

【解答】は P.128 にあります。

ここでは、就職試験で行われる面接について説明します。企業の採用過程では、一般的に筆記試験が終わると面接が行われます。面接は筆記試験と同様に、とても重要です。

面接は❶正装で臨み、「です。ます。」といった丁寧語や敬語で話すようにします。面接する部屋（会議室や応接室）に出入りするときは、面接官や係の人にあいさつや、お礼を忘れないようにしましょう。「本日は、お時間いただきましてありがとうございます（ました）。」などと明るく言うとよいでしょう。面接のはじめに「受験番号、自分の名前、大学名」を言いましょう。

面接では、エントリーシートや履歴書に書いた内容について詳しく聞かれます。また、面接官が緊張をほぐすために雑談をすることもあります。面接官からの質問に丁寧に答えましょう。面接は多くの場合、2～3回行われます。それは皆さんの性格や考え方を様々な人に見てもらうことで、❷適切な人材を採用したいからです。面接は個人面接、❸グループ面接、❹グループディスカッション面接があります。面接で想定される質問を用意し、❺模擬面接を通して面接の練習をしておきましょう。

❶普段着ではなく、面接場所に合うビジネス向けの服装のこと。

❷企業が自社の事業活動に必要な人のこと。

❸応募者が複数で行う面接で、一人当たりの面接時間が短く、他の応募者とよく比較される。

❹面接官から与えられたテーマをグループのメンバーと議論する面接方法。主な目的は個人のパフォーマンスを確認するためである。

❺本番の面接を想定し、実際の面接のように行うこと。

Step 3　入社試験 1 週間前のチェックリスト

スラジ:採用試験で、筆記試験を
受けたことがあるの？

アイン:あるよ。

スラジ:そうなんだ。私は漢字が難しく
て見ながらじゃないと書けないんだ。

アイン:さすがに漢字は難し
いね。でもあきらめずに頑張
れば、どうにかなるのでは。

スラジ:私も見なくても書ける
のがあるよ。自分の住所、学
校と先生の名前も…。

ディネシュ:自分の専門は
漢字で書けるかな？

スラジ:自信はないですが、
なんとか書けます。
恥ずかしい。
勉強してきたらよかったな。

ディネシュ:学校で勉強した内容を可
能な限り日本語でまとめてみるといい
ね。そうすると面接にも助かるよ。そ
れが採用試験に受かる近道かも。

★考えてみよう★
次は会社のホームページの項目です。皆さんが左にある内容を探したい場合、右にある、
どの項目をクリックすればよいかアルファベットで記入してみましょう。

沿革　　　（　）	企業理念（　）	求める人物像（　）
事業紹介（　）	研修制度（　）	事業の強み　（　）
新規事業（　）	製品　　　（　）	採用の質問　（　）
開発製品（　）	連絡先　　（　）	企業戦略　　（　）
従業員数（　）	年間売上（　）	工場の風景　（　）
新規事業（　）	募集要項（　）	オフィス風景（　）
社員の 1 日　　　（　）	先輩社員の声（　）	
採用説明会情報（　）	社長メッセージ・戦略（　）	

(a) 企業について
(b) 事業情報
(c) 社員について
(d) 扱う製品
(e) 採用情報

【解答】は P.128 にあります。

採用試験が近づくと緊張するとともに、とても不安になります。これは、あなただけではありません。試験を受ける人は誰もが経験することです。しかし、準備をきちんとしておくと、不安感や緊張感は少しでも和(やわ)らぐでしょう。事前準備では、まず試験会場の❶交通ルートや所要時間をチェックします。次に、服装は筆記試験とはいえ、黒やグレーなどのスーツを着て正装で試験を受けるようにしましょう。また、スーツに汚れやシワがないか確認して、できれば手入れをしておきましょう。

試験のために、日本で話題になっているニュースや、留学生や外国人に関連したトピックを整理します。また、一般常識の問題をインターネットや問題集を使って勉強しておきましょう。試験前に試験を受ける会社の❷ホームページを見ましょう。

面接は、面接の流れを入室から退室までイメージし、その順番通りにシミュレーション（simulation）しておきましょう。特に、大きな声でハキハキと話せるように発声練習(はっせい)をするとよいです。会社でよく使う❸ビジネス用語を自然に使えるようになるまで何度も口に出して練習しておくとよいでしょう。

❶試験会場に行く交通手段や行き方、乗り換えなどのことである。

❷会社のホームページを見て、その企業の本社、工場、代理店などの位置、扱っている商品内容を日本語で書けるようにする。

❸アルバイト先で習った敬語を活用しながら、「御社」や「拝見しました」のような会社でよく使う日本語が分かり、活用できるようになるとよい。

Step 4　面接の総まとめ

ディネシュ：先生、昨年の面接のことを思い出すと、ニコっと笑ってしまいます。

先生：緊張しましたね。
練習というか模擬面接が
役に立ちましたか。

ディネシュ：はい、初対面で目上の人との話は苦手でしたが、模擬面接のお陰でよく返事ができたと思います。

先生：そうですね。

ディネシュ：先生からのアドバイスに今も感謝しています。上手に演じようと思わず、履歴書などに書いた内容と矛盾（むじゅん）がないように話を進めた結果だと思います。

私も頑張ろう！
面接では自分に素直になれば OK か…。
無理に演じない素直さが大事だね。…。

★考えてみよう★
筆記・面接試験について、下の項目に当てはまる内容を下から記号で答えよう。

日本での就職理由（　）　　自己PR（　）　　面接で聞かれそうな質問（　）
面接での注意すべき点（　）将来の夢（　）　　担当したい（希望）業務（　）
就活先企業を選んだ理由（　）　履歴書・エントリーシートでの注意点（　）

㋐自分の専門や専攻に関連した勉強内容、スキル、趣味を書く。

㋑営業、販売スタッフ、接客、事務、製造

㋒日本での留学や就職したい理由、自分の長所と短所、学校で頑張ったこと

㋓日本での就職は挑戦と学ぶ機会が多い。日本で勉強したのを活かす。

㋔敬語の使い方、笑顔、リラックスして自己アピール、分かりやすい答え

㋕○○に興味がある。○○に貢献したい。○○製品に魅力を感じる。○○のスキルを学ぶ機会が多い。多様性と変化を受けいれる企業環境で働きやすい。

㋖交流会でイベント企画のようなエピソードを通じて皆の意見を素直に受け止めながら着実な実行性、最後までやり続ける性格

㋗スキルを生かし企業の発展に貢献する。多様な分野でグローバルに活躍したい。

【解答】は P.128 にあります。

採用試験の1週間前は、今まで学んできたことを十分に発揮できるようにすることが重要です。そのためには、履歴書作成、エントリーシート作成、自己PR・自己推薦書（すいせんしょ）、インターンシップなどで書いた内容を読み返してみることです。ここで重要なのは、自分が書いた内容について、改めて自分の言葉で説明してみることです。筆記試験や面接試験の対策になります。

自分が書いた内容を自分の言葉で説明できるようになったら、まずはそれを文字として、紙に書いてみます。やはり重要なのは、日本で❶就職したい理由です。次に、多くの企業の中で❷就活先企業（採用試験を受ける会社）を選んだ理由と働いてみたい業種・職種について書きます。そして、自己PRと、それを生かしたエピソードを思い出し、自分の❸実績（じっせき）を書きます。最後に、履歴書などに書いたもの以外に面接でよく聞かれそうな質問事項を想定（そうてい）し、その答えを書いて、❹声に出して読んでみましょう。さらに、面接の練習を手伝ってくれる友達や先輩、先生がいれば、面接官の役をやってもらい、簡単な質問や難しい質問まで、さまざまな質問をしてもらうのもよいでしょう。

❶例えば、日本語能力を活かしたいから、日本の企業社会に役に立ちたいから、母国より学ぶ機会が多いからなど

❷例えば、研修制度に魅了があるから、外国人が安心して仕事に専念できる、母国と関連した仕事ができる、オープンな企業文化、御社の経営戦略など

❸ささやかなものでも今まで自分で行った結果

❹声を出して読んでみることで関連用語に慣れて上手に話ができる。

Lesson　面接試験の日本語練習①

　あなたは日本語で自分の気持ちを話すことに自信がありますか。多くの人は、「自信がない」と答えるでしょう。そして、それが就職の面接試験となると、「間違った日本語を使わないように気を付けよう」「敬語で話さなければならない」と、緊張する人がさらに多くなることでしょう。もちろん、正しい日本語を使うことは大切ですが、面接官はあなたが「なぜこの会社で働きたいのか」を知りたいのです。少しくらい日本語を間違えても問題なし！という気持ちで面接を受けてください。

下の２つは、面接でよく聞かれる質問です。自分の考えや気持ちを書いてみましょう。

当社で就職したい理由を教えてください（志望動機）。

当社について聞いておきたいことはありますか（何か質問は、ありますか）。

Lesson　面接試験の日本語練習②

　外国人留学生や研修生であれば、次のことについて面接で聞かれることがあるでしょう。

日本の会社で就職を希望する理由は何ですか。

仕事をするための日本語はどのくらいできますか。

日本の会社で就職をすることで不安なことはありますか。

第　回	年 月　日（　　　）	学籍番号 No.	評価
		名前 Name	

メモ欄

Stage 7　入社試験前日

Step 1　持ち物、身だしなみのチェック

　　持ち物や面接試験に適切な服や身だしなみを確認しましょう

Step 2　試験前日の過ごし方

　　志望企業の基本情報を頭に入れておきましょう。自分の長所や短所を自分の言葉で

　　表現できるようにします

Step 3　面接の流れの確認

　　面接の流れに沿ったイメージトレーニングをしましょう

下の絵は、面接で、よくない髪形や爪です。どこがよくないか確認しましょう。

Step I　持ち物、身だしなみのチェック

アイン：明日が面接だから、不安
の気持ちでいっぱいです。

ディネシュ：その気持ち、よく分か
りますよ。持ち物や服装のチェック
からしてみればいいんじゃない。。

アイン：筆記用具やスーツですね。

ディネシュ：そう、未提出の
書類も忘れずに！

先生：今日中に爪の派手な色は
消したほうがいいですよ。それ
と、ハイヒールは履くべきでは
ありません。

アイン：分かりました。お気に入りの
爪にしたのに、仕方がないな。

先生：念のために、会社への行
き方や会社からもらった資料を
確認しておきましょう。

アイン：注意すべき点が
たくさんありますね。

先生：今日中にチェックしておけば
大丈夫ですよ。服はハンガーにかけ
ておき、靴は磨いておきましょう。

★ 考えてみよう★

1）面接のときの持ち物や提出物として、重要なものを3つ以上選んでみよう。
　☞(a)ボールペン・鉛筆　(b)携帯電話　(c)アルバイト先の店長の名刺　(d)教科書
　　(e)学生証・在留カード　(f)印鑑　(g)財布　(h)定期券　(i)未提出書類
2）面接時の適切な服装のポイントを書いてみよう。
　☞爪の長さ、靴の汚れ、ネクタイや髪の毛の色、スーツやシャッツの色とシワ

【解答】は P.128 にあります。

「備えあれば憂いなし」という日本のことわざがあります。前もって準備をしていれば、何かが起こっても心配することはないという意味です。入社試験で不安になるでしょうが、何もせず、ぼんやり待っているだけでは悔いが残ります。❶入社試験の前日は今までの勉強成果を実らせるための重要な1日です。

試験の前日までに、次のようなことをやっておきましょう。まず、試験当日に慌てないように持ち物を用意しておきます。持ち物は筆記用具、印鑑、身分証明書、時計、未提出書類（履歴書、成績証明書、卒業見込証明書、健康診断書など）です。会社から求められた❷提出書類は忘れないようにしましょう。また、事前に提出した履歴書や試験当日に❸提出する書類は必ずコピーして、すぐに見られるようにしておきましょう。面接では携帯電話は使えませんので、腕時計で時間を確認するようにしましょう。面接に着ていく服装や靴のチェックも重要です。爪の手入れをして、面接当日に履いていく靴を磨いておきます。服や靴に、ほこりや汚れがあると意外と目立ち、マイナス評価になりがちです。また、試験当日の天気や気温を確認しておくと、当日の心配ごとが減り、心に余裕ができます。

❶前日の準備は、本番で落ち度がないようにして、プラス評価につなげるために行うものである。

❷書類はファイルに入れてきれいな状態で提出する。書類というのは貴重なものとみなされるため、バックから出すのがプラス評価になる。

❸履歴書に書いている内容、特に自分の長所と短所、志望動機の内容を確認し、面接のときと不一致を防ぐ。

Step 2　試験前日の過ごし方

スラジ:アインさん、留学生を募集している企業は、まずまずあるね。でも私が志望したい企業は何をやっているか分からなくて。

アイン:その企業のホームページをみたら。実は、私も志望する企業のホームページを見たけど、よく分からないところもあって….

スラジ:先生、ホームページでは何を重点的（じゅうてんてき）に見ればいいですか。

先生：まず、何の事業を、どんな製品を取り扱っているのかをみればいいですね。事業内容、メイン製品は何かを調べてみましょう。

スラジ:分かりました。今晩、ホームページをみたうえで、しっかり模擬面接をしてみます。

先生：いいえ。そうではなく、面接の前日は軽いトレーニング程度でいいと思います。それより十分な睡眠をとる方がもっと重要ですよ。

★考えてみよう★

1）企業のホームページで、試験前日に確認しておきたい項目を3つ以上選ぼう。

☞ (a)企業概要　(b)取引銀行　(c)社長の名前　(d)取引先　(e)事業内容

　(f)工場と設備　(g)企業理念　(h)会社の強み　(i)問い合わせ

2）面接で重要な動作についてポイントをまとめてみよう。

☞ 面接室の入退室の仕方、扉の開け閉め方、着席の姿勢、敬礼（けいれい）、最敬礼（さいけいれい）の違い

【解答】は P.128 にあります。

面接の前日には、志望企業のホームページ、業界の最新ニュースをチェックしましょう。志望企業の設立日、簡単な社歴、社長の名前、事業内容や扱う製品について調べたものを改めて確認します。また、志望企業の指針や経営戦略、共感できるところについて、**❶自分の意見を言える**ようにしておきましょう。

さらに、面接官からの質問にどう答えればよいか、軽い**❷模擬面接**をしておきます。本番を想定した模擬面接は面接室への入り方、扉の開け閉め方、着席の姿勢と席から離れるときのマナー、お辞儀の仕方などを中心に練習します。練習では必要なキーワードを言えるようにするとよいです。**❸無理な暗記**は必要ありません。暗記してそのまま伝えようとすると、本番で早口になり、パニックになりがちです。自分の考えを自分の言葉で話せばいいのです。また、面接官に聞くことも重要なことなので、事前に**❹聞きたいことをメモ**しておきましょう。

しかし、前日にすることで最も大事なのは、リラックスして過ごすことと体調を整えておくことです。体調を崩さないようにするために夕食を食べすぎないようにしましょう。また、夜はなるべく早く寝て、睡眠を十分に取るようにしましょう。

❶志望企業のことを聞かれたら、返答ができるといい評価につながる。

❷あまりにもシナリオ中心の模擬面接をすると、本番の面接で固くなる傾向がある。

❸暗記したことを話そうとすると、面接官の目を見ながら落ち着いた態度で話せないことが多い。無理に演じようとしない。

❹給料や賃金体系などは言われない限り、控えた方が望ましい。

Step 3　面接の流れの確認

アインさん

ディネシュ先輩、明日、面接だから、今日は早く帰ってもいいですか。

心配で、面接の流れや質問に対する答え方を忘れそうで…

分かりました。先輩の経験を生かしたいですが不安ですね…

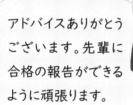

アドバイスありがとうございます。先輩に合格の報告ができるように頑張ります。

ディネシュさん

アインさんは、とても真面目だからね。面接の前日は軽く、イメージトレーニングだけで十分かも。

それは逆効果かも。暗記するとシナリオ通り対応しようとするからね。

あまり気にせず、自分の言葉で自信をもって対応すればいい結果が出ると思うけど。緊張しすぎると言いたいことが言えないかもしれないよ。

★考えてみよう★

1）面接時のイメージトレーニングのやり方として、最も適切なのはどれか。

☞(a)ぼんやり面接場面を想像する　(b)面接官からの質問に適当に答える

(c)質問を想定して答えを考える　(d)注意すべき点を思い浮かべ、まとめる

(f)面接官の質問に対する答えを暗記する

2）面接の流れを正しく並べてみよう。　※場合によっては異なることがある。

☞(a)面接室に入る　(b)面接室から出る　(c)受付をする　(d) 面接会場に到着する

(e)控え室で待つ　(f)面接にのぞむ

【解答】は P.128 にあります。

面接は、とても大切ですから、面接の準備の仕方をもう少し詳しく説明します。面接の流れを確認し、❶イメージトレーニングをしてみましょう。一般的には次のような流れになります。

①面接する会場には開始時間の 20 分ぐらい前に着くようにし、会社に着いたら携帯電話の電源を切ります。

②まず、受付に行き、「自分の名前や面接のために来たこと」を伝えます。係の人に、お礼を言うようにしましょう。

③控<ruby>室<rt>ひかえしつ</rt></ruby>で面接の順番を待つときは、何度も出入りしたり、携帯電話の電源を入れて操作したりするのは控えましょう。

④面接室に入るときは、ドアを 3 回（または 2 回）ノックして入室します。「座ってください」と言われたら座りましょう。

⑤正しい姿勢で座り、面接官の目を見ながら、丁寧な言葉づかいで❷簡潔に分かりやすく答えます。

⑥面接が終わると、感謝の言葉を忘れないようにします。お辞儀（❸敬礼）をしてからドアを閉めて退出します。

想定外のことを聞かれても慌てず、質問内容が分からないのに自分で勝手に判断して❹曖昧な返答をしてはいけません。

❶きちんと答えようと思い、丸暗記する必要はない。自分の考えを自分の言葉で答えればよい。

❷聞かれたことにはシンプルに返事し、質問と直接関係ないことは控える。

❸敬礼はお辞儀の基本であり、30 度程度で腰を曲げ、目線は1m 先の地面をみる。

❹質問内容や日本語自体が分からない場合は、確認してから返事をする。

Lesson　ビジネスマナーの日本語練習①

　このテキストを読んでいるあなたは日本で就職するために日本語の勉強をしてきたことでしょう。留学生が大学や日本語学校で学ぶ日本語は、一般的に「アカデミック・ジャパニーズ（Academic Japanese）」と呼ばれています。これは専門分野の研究をしたり、その関連の知識を得たり、学問のために必要な日本語です。それに対して、就職活動や就職してから必要な日本語は「ビジネス日本語（Business Japanese）」と言われています。これは、日本語の問題だけではなく、日本特有の企業文化も含まれています。

　ここでクイズを出すので、考えてみてください。

１．面接試験の時、どのような服装で行けばよいでしょうか。
　　Ａ：上下とも黒か紺のスーツ
　　Ｂ：襟付きのジャケットを着るが、色は気にしない
　　Ｃ：自分の個性を出したいので、自分が気に入っている洋服

２．試験案内に「私服でお越しください」と書かれていました。どのような服装で行けばよいでしょうか。
　　Ａ：上下とも黒か紺のスーツ
　　Ｂ：襟付きのジャケットを着るが、色は気にしない
　　Ｃ：自分の個性を出したいので、自分が気に入っている洋服

　正解は、１．も２．も「Ａ」が正解です。「絶対」ではありませんが、一般的に「私服でお越しください」と書かれていても、黒か紺などのリクルートスーツを着るとよいでしょう。バッグや靴もセットで売られていることが多いです。どういうものか分からなければ「就活　スーツ　セット」とキーワードを入れてインターネットで検索してみましょう。

　このように就職活動で、誰もが同じ服装をするのは世界でも珍しく、みなさんの国にはないことかもしれません。

　私服と似たような言葉で「平服」という言葉があります。「平服でお越しください。」
と言われても、普段、皆さんが着ているような、ジーパンやミニスカート、スニーカーやサンダルなどで行ってはいけませんので注意してください。

Lesson　ビジネスマナーの日本語練習②

　ここでは敬語と言葉づかいについて学びましょう。１つだけ書いておきますので、他の言葉を調べて書きましょう。

謙譲語（自分を下にする言い方）	動詞	尊敬語（相手を上に上げる言い方）
まいる	行く	いらっしゃる
うかがう	聞く	お聞きになる
申す	言う	おっしゃる
いたす	する	される
拝見（はいけん）する	見る	見られる

友達同士で話すときに使う言い方	ビジネスで使う言い方
私（わたし）　僕（ぼく）	私（わたくし）
あなたの会社	御社（おんしゃ）
これ	こちら
どこ	どちら
だれ	どなた

　この他に、ていねいに言いたい場合、「クッションことば」を使う方法があります。何か相手にお願いをするとき、会話の最初につけます。

１．相手に、何か尋ねたいとき

相手が何かをしていたら：「今、よろしいでしょうか。」
失礼な質問ではないが、相手に尋ねたいとき：「失礼ですが、お名前をお聞きしてもよろしいでしょうか。」

２．何かやってほしいことを頼むとき

例：「恐れ入りますが、その書類を送っていただけないでしょうか。」
　　「お手数をおかけしますが、〇月〇日までに返信をいただけないでしょうか。」

第　回	年 月　日（　　）	学籍番号 No.	評価
		名前 Name	

メモ欄

Stage 8　入社試験当日

Step 1　試験会場に着くまで

家を出るまでに、持ち物、身だしなみ、会社までの行き方をチェックする

Step 2　面接会場での過ごし方

面接室でのマナーを守り、分かりやすい言葉で応対できるようにしよう

Step 3　会社の退社の仕方

入社試験が終ってからのマナーを守り、採用結果の発表日までの注意事項を知

り、対応できるようにしよう

Step 4　こんなとき、どうする？

「試験当日に体調が悪い。試験開始時間に、間に合わない。他の企業の試験日と

重なった。住所が変わった。」というときの対応方法を、しっかり理解しよう

Step 1　試験会場に着くまで

アイン：先輩、明日面接なので、朝、起こしてもらえませんか。

ディネシュ：自分の携帯電話からアラームの設定はできないの？

アイン：できます。いつも使っていますが、不安なのです。

ディネシュ：リラックスした方がいいね。今晩中に持ち物をバックに入れておけば、それで十分だよ。

アイン：身だしなみが気になっています。

先生：派手（はで）な化粧（けしょう）やネイルを控（ひか）えて清潔感（せいけつかん）があるといいですね。

スラジ：私のような男性はひげを剃（そ）るぐらいですか。

先生：男女関係なく、髪（かみ）の毛（け）をきちんと整（とと）えることが大事ですね。

★考（かんが）えてみよう★

面接時に注意したい身だしなみについて、それぞれのポイントを考えてみよう。

☞(a)髪型　(b)顔の状態（派手なメイク・口臭・歯など）　(c)メガネ　(d)香水

(e)つめ　(f)シャツ／ブラウス　(g)アクセサリー　(h)腕時計　(i)スーツ

(j)かばん　(k)靴　(l)靴下

❶バックに未提出書類 筆箱などが入っているか確認する。

❷20分程度早く着くようにし、会社の近くで待つ。30分以上早く着いたら、近くの喫茶店や静かなところで、面接で何を話すべきか最終確認をするとよい。

❸試験会場の受付には開始10分前に着く。係の方の案内や指示に従って行動する。

　ここまで、「入社試験前日」の過ごし方を説明しましたが、Stage8では、「試験当日」の流れや注意点について確認します。

　まず、試験当日は家を出るまでに身だしなみの確認をします。

　p.76にあるイラストを参考にして髪の毛を整えましょう。普段、香水を使う人は、強い臭いを控えましょう。男性は必ずひげを剃ります。忘れ物がないか、❶持ち物を確認したら、試験開始時間の20分ぐらい前に着くように余裕をもって家を出ます。試験会場に早く着いたら❷静かな場所で会社に提出した種類に目を通します。特に、志望動機や自分の長所と短所を確認します。また、携帯電話で当日のトップニュースを見ておきましょう。

　面接中に携帯電話がなってしまうなど、誤作動を防ぐために試験会場に入る前に必ず携帯電話の電源を切っておきましょう。

　その後、❸受付へ行き、係の方に「お世話になります」と言い、「学校名、名前、面接のために来たこと」を伝えます。受付が終わると、係の方にお礼を言いましょう。受付で、試験の流れや注意事項、試験控室の場所など説明がある場合が多いです。聞き取れなかったら、必ず確認しましょう。

Step 2　面接会場での過ごし方

> アイン：先生、面接室での手順と、その流れに沿って面接ができるかとても不安です。

> 先生：　模擬面接の通りにやればいいですよ。

> アイン：マニュアルと同じ順番にならないとパニックになりそうで。

> 先生：実際は順番通りにならないことの方が多いですよ。
> 予想外のこともあるから、その雰囲気にのればいいし、順番を気にしなくてもいいんですよ。

> ディネシュ：あまり心配しないで。面接室では自然の流れに沿って対応すればいいよ。

> 先生：　「練習は本番のように！本番は練習のように！」という言葉もありますね。

★考えてみよう★

面接室の入退室マナーは面接官からよい印象を持ってもらうために重要である。
面接室での動作で注意することを示しているので、実際にやってみよう。

☞ ①入室時は3回ノック　②「どうぞ入って下さい」と言われて面接室へ入室する
　③面接官に30°くらいの普通礼をする　④自分の学校名と名前を言う
　⑤「どうぞ」と言われてから座る　⑥ひざの上に手を添えて正しく座る
　⑦質問に誠実に答える　⑧面接が終わったら、面接官にお礼を伝える
　⑨30°くらいの普通礼をして退室する　⑩音を立てないようにドアを閉める

❶上体を15度程度曲げながら軽くあいさつすることをいう。

❷上体を30度程度曲げながらあいさつすること。敬礼ともいう。

❸学校名の代わりに「受付（受験）番号を言って下さい」という指示がある場合もある。

❹もし、想定外の内容や答えづらいことを聞かれても慌てない。質問が分からない時は「もう一度言ってください」と言えばよい。

　受付が終わったら、控室で面接の順番を待ちます。待つ時間が長い場合もありますが、待っている時間も試験の一部です。緊張感をもって静かに待ちましょう。面接室への道程を含め、社内で社員とすれ違ったときは、面接官ではなくても❶会釈をしましょう。自分の面接の順番がきたら、いよいよ本番です。

　係の方（または面接室の中）から自分の名前を呼ばれたら面接室に入ります。面接室に入るときは、必ずノックをし、「お入りください」と言われたら、「失礼します」と言って入室します。ドアは音をたてないように静かに閉めます。その後、面接官に向かって❷お辞儀し、❸学校名と自分の名前を元気よく言います。面接官に「座ってください」と言われてから座ります。椅子に深く座らず、手は膝の上に添えます。足を組んではいけません。

　質問には、面接官の目を見ながら丁寧な言葉づかいで❹簡潔で分かりやすく答えることを心がけましょう。答え方が分からない場合は正直に「分からない」と言いましょう。面接が終わり立ち上がるとき、「ありがとうございました」という感謝の言葉を伝えます。ドアのところまで行ったら「失礼します」といい、お辞儀をしてから静かにドアを閉めて退出します。

Step 3　会社の退社の仕方

アインさん

ディネシュさん

先輩、面接が終わってから、緊張が途切れて控室で、おやつを食べました。

そうですか。私はついタバコを吸うところだった。もし、吸ってしまったら、内定をもらえなかったかも。

面接が終わったら、時計を見ながら早く帰りたがる人もいました。

アインさん、最善を尽くしたのでいい結果を待ちましょう。

はい、ありがとうございます。気楽に待ちます。

でも採用結果がある日まで、日々、確認することがあるんだよ。

分かります。会社からのメールや電話連絡、郵便物が届いていないか家のポストの確認などですね。

そうだね。確認だけではなく、リアルタイムでの対応も忘れずに。

★考えてみよう★

1) 面接が終わってもやってはいけないことは、次のうちどれか（複数ある）。

☞㋐すぐに携帯電話の電源を入れる　㋑リラックスするために音楽を聴く

㋒アルバイト時間に間に合うように早めに帰る支度をする

㋓係の方からの今後のお知らせを確認する　㋔タバコをすう

㋕控室で面接のことを知人と話し合う

2) 採用試験の発表日までの注意点について次のキーワードを使って述べてみよう。

☞ 企業からの着信履歴・受信メール・郵便物

【解答】は P.128 にあります。

❶「帰ってもいい」という案内があるまで、帰る支度をせず、静かに待つ。

❷発表予定日以前に採用結果の問い合わせは控える。

❸自分の携帯電話に会社の電話番号を登録しておくとよい。

❹すぐ返信が難しいからといってそのままにせず、「確認後、後ほどご報告します」というメッセージを送る。まずは企業に「確かに受信を確認した」ことだけでも伝える。

　面接が終わり、面接室を出るとホッとするでしょうが、試験の全てが終わったわけではありません。家に帰るまで、適度な緊張感を保ちましょう。面接室を出たら面接控室に戻り、今後の予定や注意事項について説明があれば、メモを取るようにしましょう。「面接が終わったので帰ってよい」と言われてから❶帰る準備をします。携帯電話は会社の外に出てから電源を入れてください。また、喫煙は会社内で絶対にしてはいけません。

　❷採用結果の発表は、メールや郵送、電話で行われます。ただし、発表の前に会社から連絡があるかもしれないので、電話の❸着信履歴、メールの受信履歴、郵便ポストの確認は毎日行ってください。追加資料の提出などはリアルタイムで対応することが重要です。連絡に気がつかず対応しなかったため不採用になる場合もあります。メールを受信した場合は❹早めに返信します。電話の着信履歴に気づいたときは、営業時間以内であれば、直ぐに折り返しの電話をします。営業時間外であれば、翌日の朝、忘れずに連絡しましょう。着信を見逃さないように、会社の電話番号を登録しておくとよいです。

Step4　こんなとき、どうする？

アイン：スラジくん、採用試験の会場にはどうやって行くの？

スラジ：友達が車で送ってくれることになっているんだ。

アイン：もし、渋滞に巻き込まれるか、事故でもあったらどうするの？

スラジ：心配しないで。30分程度余裕をもって家を出るから。

アイン：事故はいつ起きるかわからないよ。

スラジ：心配になるから、そんな話はやめて。

先生：　スラジさん、公共交通機関を利用するのがベストですよ。

スラジ：でも、電車の乗り換えは、ややこしいので、車の方がいいです。

先生：　乗り方を事前に調べておけば大丈夫ですよ。

スラジ：分かりました。

先生：ところでスラジさん、試験開示時間に間に合わないとか、体調が悪くなったとか、何かアクシデントがあったら、志望企業の係の人に早めに連絡してくださいね。

★考えてみよう★

1）採用試験に向かう途中に問題が起こり試験に間に合わない場合、どうすべきか。
　　下のキーワードを使って述べてみよう。
☞　採用担当者・電話連絡・自分の学校名と名前・遅れる理由・担当者からの指示
　（遅れても会場に行くか、予備試験日があるか、試験不可か、折り返し連絡があるか）

2）試験当日に急に体調が悪くなったら、どうすべきか。
　　下のキーワードを使って述べよう。
☞　採用担当者・電話連絡・メール不可・本人ができない場合・自分の学校名と名前
　　体調不良の状況を簡潔に・担当者からの指示
　　（予備試験日があるか、試験不可か、折り返し連絡があるか）

試験での Q&A です。よく読んでトラブルに備えましょう。

Q 1）試験開始時間に間に合わないときはどうしますか。

A 1）まず、会社に電話をかけます。自分の名前を言い、❶遅れる理由を簡潔にいいます（例えば、電車の人身事故のため）。その後、採用担当者の指示にしたがって❷行動します。

❶ 学校ではありません。「つい朝寝坊をしました」という言い訳は控える。

Q 2）試験当日の朝、体調が悪くなったらどうしますか。

A 2）会社に❸電話して具合が悪いことを伝え、お詫びします。改めて試験や面接をしてもらえるか聞き、指示に従います。

❷ 遅れても面接会場に行ってよいか、後日面接を行ってもらうかなど指示にしたがって行動する。必ず、試験開始時間の前に、連絡する。

Q 3）A 志望企業の筆記試験日と B 志望企業の面接日が重なってしまっている場合はどうしますか。

A 3）両社に試験日の変更ができないか聞きます。両社ともに変更できないなら、どちらか 1 つだけを選び試験に臨み、もう 1 つの企業の試験は❹あきらめます。その際、お詫びすることを忘れないようにします。

❸ 話ができないほどの重病以外は、友達や親ではなく本人が直接電話をする。

Q 4）引っ越しをして住所が変わり、会社からの書類を受け取ることができなさそうなときは、どうしますか。

A 4）住所変更があれば、直ちに志望企業に知らせます。

❹ あきらめた企業にも試験を受けないことを必ず連絡する。その際、誠実な態度で断るようにする。

Lesson　面接時の日本語練習①

　次の文章は、面接試験の時に気をつけなければならないことです。（　　　　）に入る言葉を考えてみましょう。

１．今日は就職試験の面接当日です。会社から送られてきた「試験の案内」には「10時から面接を開始します」と書かれていました。この場合、遅くても、試験開始（①　　　　）分前の（②　　　時③　　　分）には会社に着いていた方がいいでしょう。もし遅れそうなら必ず（④　　　　　　　　　）ようにしましょう。

２．会社に着いたら、コートを着ている場合は、会社に入る前に（⑤　　　　　　　　）。面接をする部屋が分からなければ、会社の「受付」に、自分の（⑥　　　　　　　）を言って、面接の部屋を聞くようにしましょう。

３．会社の中で会う人には、誰にでも（⑦　　　　　　　　　　　　　）しましょう。

４．面接をする部屋に入るときは、ノックを（⑧　　　回）し、部屋の中から、「お入りください。」という声が聞こえてきたら、「⑨　　　　　　　　　　。」と言って、部屋に入るようにしましょう。

５．面接の部屋に入ってから、椅子があっても勝手に座ってはいけません。（⑩　　　　　　　　）、または、（⑪　　　　　　　　　　）座るようにしましょう。

６．面接をしている時に、意味が分からない質問をされることがあるかもしれません。その時は、（⑫　　　　　　　）しましょう。質問するときには、まず「⑬　　　　　」や「⑭　　　　　　　　」と言うとよいでしょう。

７．面接が終わったら、「⑮　　　　　　　。」と言い、部屋から出るときは、「⑯　　　　　。」と言って、ドアを閉めましょう。

_____

（解答）①20　②9　③40　④会社に電話し、連絡を入れる　⑤コートを脱ぎましょう　⑥学校名、名前、採用試験で来たこと　⑦礼をして、「おはようございます。（または、こんにちは。）」とあいさつ　⑧3　⑨失礼します　⑩面接官が座る　⑪面接官が「お座りください。」と言ってから　⑫こちらから質問するように　⑬申し訳ありませんが　⑭すみませんが　⑮ありがとうございました　⑯失礼いたします

Lesson 　面接時の日本語練習②

　誰でも面接は緊張^{きんちょう}するものです。面接試験で質問の意味が分からない場合、どのようにすればよいでしょうか。下のケース（case）をイメージしながら、自分ならどのようにするか考えてみましょう。

① 質問の意味は分かるが、答えが分からないとき

・無理に答えなくてもよいです。その時は「勉強不足のため、答えられません。分かりません。これから勉強していきます。」といいましょう。

・「当社の企業理念について説明してください。」と言われたら・・・

・「この商品のよいところを 10 個言ってください。」と言われたら・・・

---

② 質問の意味が分からなかったら・質問を聞き逃してしまったら

・「すみません。質問をもう一度お願いします。」と言って聞けばよいです。そういうことはよくあることなので、あまり心配する必要はありません。

・「自分を動物に例えるなら何だと思いますか。理由も教えてください。」と言われたら・・・

・「あなたの人生に影響があった偉人はいますか。名言でもよいです。」と言われたら・・・

---

③ 答えたくない質問をされたら

・面接をする人は、いじわるをしようと思っているわけではないですが、答えたくない質問をされることがあるかもしれません。その時は、「すみません。お答えできません。」と言えばよいでしょう。

第　回	年 月　日（　　　）	学籍番号 No.	評価
		名前 Name	

メモ欄

Stage 9　入社が決まったら

Step 1　（不）採用通知、内定

（不）採用通知書、内定通知書などの意味を理解し、次のステップへの対応ができ

るようにしよう

Step 2　誓約書

企業への誓約書提出の理由と内容を理解しよう

Step 3　雇用契約書、在留資格変更の申請

雇用契約書の内容を理解し、就労ビザへの変更申請の仕方を知ろう

Step 4　入社準備、引っ越し

入社1カ月前から準備すべきものを備えておく必要がある

早めに部屋の賃貸契約をして、よいタイミングに引越しができるように準備しよう

Step 1　（不）採用通知、内定

スラジ：アインさん、最終選考の発表日がすぎたのに、会社から連絡がないのはどういうことかな。

アイン：企業からのメールを毎日、確認しているの？

スラジ：試験勉強とアルバイトが忙しくて、最近あまり見てない。

アイン：まじめに見ないと！もしかしたら、内定通知書か、何かの連絡があったかも。

スラジ：そうだ。何日か前に「内定通知」という言葉ではないが、「何とか通知」はきてた。

ディネシュ：採用通知ならいいんだけど、ひょっとしたら不採用通知かも。

スラジ：不採用だったら、内定ではないということですね。困ったな。

ディネシュ：ダメだったとしてもあきらめず、チャレンジすることが大事だよ。私は5社目でやっと内定をもらったんだよ。

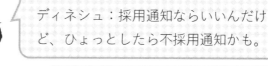

スラジ：先輩でも5社目だったんですね。

ディネシュ：そうだよ。だから頑張れよ！

★考えてみよう★

1）選考結果発表日が過ぎても応募企業から連絡がないときはどうするか。
　　下のキーワードを使って、述べてみよう。
　☞　問い合わせ先（メールアドレスや電話）
　　　メールの場合⇒企業名・部署・担当者名・用件
　　　電話の場合⇒自分の名前・受験番号・担当者の部署や名前・用件

2）内定通知書と不採用通知書で、それぞれに当てはまる内容を下の番号から選ぼう。

　　内定通知書（　　　　　　　　　）　不採用通知書（　　　　　　　　　）

①最終選考に合格　②応募した企業の社員になってほしいこと　③選考に不合格
④なぜ選考に落ちたのかを自己分析する　⑤入社のための手続きをする
⑥応募できる企業を積極的に探す　⑦採用通知をもらったので、お礼の返信をする

【解答】は P.128 にあります。

最終選考が終わり、結果発表日になると、試験を受けた会社から採用か不採用かの、お知らせがあります。採用の場合は、「採用通知書」や「内定通知書」、不採用の場合は、「不採用通知書」が届きます。不採用になると、悲しく、残念な気持ちになって落ち込んでしまうこともあるでしょう。

しかし、❶チャレンジ精神を持ち続け、諦めずに就職活動を続けると、きっと他の会社から内定をもらうことができるはずです。これらの通知書は書面で郵送される場合が多いので、毎日必ずポストを確認するようにしましょう。❷複数の会社から採用されたら、どこか１つを選ばなければなりません。

もし、結果発表日を過ぎても試験を受けた会社から何の連絡もなかったら、❸問い合わせしてもよいでしょう。問い合わせはメールか電話で行いましょう。メールで尋ねる場合は、件名に「採用結果について」と書くようにしましょう。電話で確認する場合は、自分の名前や学校名（受験番号）を先に伝え、「採用試験の結果について聞きたいのですが」と先に用件を告げ、「採用担当者の〇〇様はいらっしゃいますでしょうか」と、電話に出た人に言いましょう。

❶不採用になった理由を自分なりに考えてみる。そこから得られた反省点を、次に生かすことが重要である。

❷入社する気持ちがなければ早めに、丁寧に辞退を申し入れる。入社したければ、内定を受け入れることを伝え、入社の手続きをする。

❸連絡がない理由は、電話やメールの送受信のトラブル、企業側の連絡漏れ、発表日遅延などである。会社側に原因があっても、丁寧に対応する。

Step 2　誓約書

アイン：先輩、この間、面接した企業から内定通知がきました。誓約書に名前と、サインかハンコを押してほしいと書いてありました。

ディネシュ：そうか、おめでとう。よかった

アイン：でも誓約書って何ですか。意味が分からないのにサインすることはできません。

ディネシュ：誓約書は、アインさんが間違いなくその企業に入社するという「約束」のための書類だね。

アイン：他にも内定が決まりそうな企業があるから迷っています。もし、誓約書を書かないとどうなりますか。

先生：　法律のような罰則はないけど、多くの人に迷惑になりますよ。

アイン：どんな会社がいいか、私に合うか、よく考えたうえで誓約書を送ります。

先生：　気持ちは分かりますが、あまり遅れると内定取消になるから、決められた期日までに忘れず送ってください。

アイン：分かりました！

★考えてみよう★

1）誓約書とは何か。次のキーワードを使って説明しよう。

☞ 内定通知・志望企業・入社・約束

2）「誓約書」を書くということはどういうことか。次のキーワードを使って説明しよう。

☞ 入社・一社にしぼる・提出期限・書類送付

採用されると、「採用通知書」の他に「内定通知書」が送られてくることがあります。内定通知書は入社してほしいという会社からの意思表示です。そのため、内定通知書を受け取ったら入社するか、しないのかを決め、❶返事をしなければなりません。1人でじっくり考えることは大切ですが、両親や学校の先生、友達や先輩に相談をするのもよいでしょう。もし、辞退すると決めた場合は早めに❷誠意をもって返事をしましょう。

内定企業で働きたい場合は、入社するという意思確認の約束として❸誓約書（もしくは内定承諾書）を提出します。書き終えたら、誤字・脱字や空欄がないか確認します。提出は、内定式で、または郵送の場合もあります。郵送の場合は提出期限に間に合うようにします。提出期限を過ぎると、「内定取り消し」になりますので、提出期限に遅れないようにしましょう。

また、誓約書に法律的な強制力はないので、誓約書を提出した後でも、就職することを取りやめることができます。しかし、会社に迷惑をかけることになるので、誓約書を出す前に、❹慎重に検討するようにしましょう。

❶内定をもらった企業が複数であれば、最終的には1社にしぼり、その企業に入社するという意思決定が必要である。

❷辞退の返事をしないと、自分や後輩、学校へのイメージがとても悪くなる。

❸誓約書は、会社が内定通知書と一緒に内定者に送ることが多い。

❹誓約書は法的な拘束力はないが、企業との約束なので軽く考えてはいけない。

Step 3　雇用契約書、在留資格変更の申請

アイン：人事担当者と、給料などの話をしたのに、雇用契約書が必要なの？私の国では契約書というのがあまりないので驚いたよ。

スラジ：そうだね。提出する資料が多すぎて面倒だと、よく聞くね。

アイン：でも、書類として残しておくと、何かあったとき確認できるから安心だね。

ディネシュ：日本では契約書を取り交わすことがスタンダードだね。

アイン：ところで、先輩！ビザ変更というか在留資格変更の申請が難しそうです。

ディネシュ：アインさんは、学歴と内定企業での仕事内容が一致しているし、内定企業の業績がよさそうだから、問題ないだろうね。

スラジ：アインさんはいいな。私はまだ内定ももらってないし、学校の成績がよくないから「技術・人文なんとか」のビザは難しいかも。

先生： 就労ビザは「技術・人文知識・国際業務」だけではなく、他のものもあるから、あきらめず頑張りましょう。

★理解しよう★

1）「技術・人文知識・国際業務」の就労ビザを取得したいときに必要な資料
   ☞　在留資格変更許可申請書、パスポートおよび在留カード、内定企業の経営状況の証明書類（上場証明の文書、源泉徴収票などの法定調書合計表）、専門士の証明をする文書、労働契約書、学歴・職歴の証明書

2）「技術・人文知識・国際業務」のビザ取得が難しい場合は、「特定技能」ビザを申請することができる。このビザの主な業務にはどのようなものがあるか。
   ☞　宿泊サービス、外食業、介護

3）「特定活動ビザ」制度の目的は何か。
   ☞　日本の大学や大学院を卒業や修了した外国人留学生が、日本での就職機会を拡大するためのもの

Step2 で学んだように、内定をもらった人は入社する約束の証明として誓約書（または内定承諾書）を提出します。そうすると内定が決まった会社から❶雇用契約書が送られてきます。

雇用契約書は、「契約」という名前がついている通り、とても重要なものです。労働条件を中心に1つ1つの内容を理解しましょう。よく確認して、自分の署名（サイン）をして会社側と自分が一部ずつ保管します。労働契約書には主に「契約期間・就業の場所・従事すべき仕事の内容・勤務時間・休日・所定時間外労働時間の有無・休暇・賃金・契約更新の有無・退職に関する事項、❷その他」が書かれています。

外国人留学生が日本で就職する場合は、「留学」から「就労」へ在留資格を変更する手続きが必要です。出入国在留管理局に早めに申請して入社に間に合うようにしましょう。

❸在留資格変更の申請には雇用契約書が必要で、仕事内容と自分の❹学歴が一致していることが条件です。❺申請は本人が原則行います。不許可になっても再申請できますが、不許可になった理由が改善されないと許可されるのは難しいでしょう。

❶労働契約書とは、企業と内定が決まった人が働く条件に合意した証明書のこと。

❷「その他」の欄には社会保険の加入状況、雇用保険の適用などを記載している。

❸内定企業の実態が明らかな場合は不要（例えば上場企業）である。

❹「技術・人文知識・国際業務」の在留資格変更は、本人の学歴や経験が職務内容とあっているか、技術・知識を生かせるものであるかが主な要件になる。

❺申請取次ぎの届け出をしている場合は、取次者が申請できる。

Step 4　入社準備、引っ越し

アイン：先生、昨日、出入国在留管理局に行って来ました。

先生：　ビザ変更のためですか？就労ビザに変更できましたか？

アイン：はい！できました。先生のご指導のお陰です。ありがとうございました。

先生：　アインさん！おめでとう。早めに引っ越しの準備をした方がいいですね。まず、引っ越し屋さんに見積書をお願いするといいですね。

ディネシュ：私は見積なしで引っ越したので、すごく損をしました。会社の支援金を超えずに、祭日や週末を避ければもっと安くできたと思います。

アイン：そうですか。教えてくれて、ありがとうございます。他にアドバイスはありますか。

ディネシュ：内定者の出社日には必ず出席すること。そして書類の提出日は遅れないように早めに提出することだね。

アイン：分かりました。

ディネシュ：それと、PC の「Word」を日本語で上手に打てるように今から練習しておくと入社してから助かると思うよ。

★理解しよう★

1）入社してからしっかり働くために入社前からどのようなことをやるべきか。

☞　朝型の生活に切り替える。社会人として必要な身だしなみを整える。業界に関する最近の情報を収集する。PC のスキルを高める。

2）入社前に準備しておいた方がよいものをあげてみましょう。

☞　スーツ 2 着、靴 2 足、ワイシャッツ・ブラウス 4 枚、靴下やストッキング 5 足、印鑑、名刺入れ、ネクタイ 3 本（男性）

日本で就職するための在留許可がもらえると、いよいよ日本での社会人としての生活が始まります。ここでは、入社までにやるべきことを説明します。まず、入社に向けて、**❶規則正しい生活**パターンをつくっておくことが大切です。特に、生活が「夜型」で、寝る時間が遅い人は「早寝早起き」するようにしましょう。また、身だしなみを整えること、入社する企業や業界の動向を勉強しておくこと、**❷PC のスキル**を高めることなどを行いながら入社に向けて気持ちを高めていきましょう。また、**❸社会人として必要なもの**を準備しておくとよいでしょう。

　勤務地によっては、引っ越しが必要です。自分の住まいとして、会社の寮があればよいですが、それ以外は自分で住む家を探さなければなりません。その場合は、早めに情報収集をしましょう。日本では、社会人になる人や転勤する人、大学生が1月から3月に集中して**❹新しい家**を探します。それに伴い、引っ越し業者はとても忙しくなり、自分の都合のよい日に引っ越しができないこともあります。引っ越ししなければならなければ、早め早めに行動するようにしましょう。

❶会社の出勤時間帯に無理なく起きられる朝型生活に切り替える。

❷Word（ワード）だけではなく、Excel（エクセル）、PowerPoint（パワーポイント）を使いこなせるとよい。

❸スーツ2着、靴2足、ネクタイ3本、ワイシャツ・ブラウス4枚、印鑑、名刺入れなどがあるとよい。

❹よい部屋は先になくなるため、早めに契約する。但し、家賃の発生日に注意する。

Lesson　雇用契約書の日本語練習

　厚生労働省のホームページに、多言語の「外国人労働者向けモデル労働条件通知書（2021 年 8 月）」があります。

　・英語・中国語・韓国語・ポルトガル語・スペイン語・タガログ語・インドネシア語・ベトナム語・クメール語・モンゴル語・ミャンマー語・ネパール語・タイ語

　また、多言語の「労働条件ハンドブック（2021 年 8 月）」があります。

　・日本語・英語・中国語・ポルトガル語・スペイン語・タガログ語・ベトナム語・韓国語・インドネシア語・ミャンマー語・ネパール語・タイ語・カンボジア語・モンゴル語

https://www.mhlw.go.jp/new-info/kobetu/roudou/gyousei/leaflet_kijun.html

　このように外国語で雇用契約書が作られることもありますが、日本語の雇用契約書が多いようです。会社によって契約書の形式はさまざまですが、ここでは一般的な内容を示します。

　なお、労働基準法第15条第1項には、「使用者は、労働契約の締結に際し、労働者に対して賃金、労働時間その他の労働条件を明示しなければならない。」と規定されています。分からない日本語があれば、会社の人に聞くか、自分で調べましょう。

(1)労働契約の期間に関する事項

(2) 就業の場所及び従業すべき業務に関する事項

(3)始業及び終業の時刻、所定労働時間を超える労働の有無、休憩時間、休日、休暇並びに労働者を二組以上に分けて就業させる場合における就業時点転換に関する事項

(4)賃金（退職手当及び臨時に支払われる賃金等を除く。）の決定、計算及び支払いの方法、賃金の締切り及び支払いの時期並びに昇給に関する事項

(5)退職に関する事項（解雇の事由を含む。）

実際の雇用契約書（英語表記あり）の一部を示します。

労働条件通知書　Notice of Employment

To: ＿＿＿＿＿＿＿＿＿＿＿＿＿ 殿

日付 Date: ＿＿＿＿＿＿＿＿＿＿＿

会社名 Company's name : ＿＿＿＿＿＿＿＿

所在地 Company's address : ＿＿＿＿＿＿＿

電話番号 Telephone number : ＿＿＿＿＿＿

使用者氏名 Employer's name : ＿＿＿＿＿＿

Ⅰ.　　契約期間　Term of employment :

・期間の定めなし　Non-fixed

・期間の定めあり　Fixed　　　（From　　　to　　　　　　） Fixed

Ⅱ.　　就業の場所　Place of Employment:

Ⅲ.　　業務内容　Contents of duties

Ⅳ.　　労働時間等　Working hours, etc. :

・始業・終業の時刻等　Opening and closing time:

始業 Opening time（　　　:　　　）　終業 Closing time（　　:　　）

・休憩時間　〇〇分　Rest period (〇〇)　minutes

・所定時間外労働の有無(有 , 　無)　Presence of overtime work（　Yes: , 　No: ）

108

第　回	年 月　日（　　）	学籍番号 No.	評価
		名前 Name	

メモ欄

Stage 10　社会人 1 年生

Step 1　会社のルール（社内規程）

「基本経営、組織、職務、人事労務、総務、業務」に関連した規程を理解しよう

Step 2　会社のルール（就業規則）

就業規則に書いてある「絶対的必要記載事項、相対的必要記載事項」の内

容をしっかり理解しよう

Step 3　SNS の取り扱い、ハラスメント

SNS に投稿するときの注意すべき点について、また、ハラスメントに関する行為

について学ぼう

Step 4　仕事の教わり方

仕事の教わり方として、「メモをとる、指示内容を復唱する、最後まで聞く、中間

報告をする」という意味合いを理解して、実行できるようにしよう

Step 1　会社のルール（社内規程）

アイン：いつも仕事をがんばっているの
に、規則を守らなかったことで上司に
叱られました。しっかり仕事をするだけ
ではだめなのですね。

ディネシュ：仕事をするのは、
もちろん大事だけど、会社のル
ールを守ることも大事だね。

アイン：ルールというのは、
法律のようなものですか？

ディネシュ：法律ではない
けど、会社で決めた規則だ
ね。サッカーならゴールキ
ーパー以外の人は手を使わ
ないと決まっているよね。

アイン：なるほど。サッカーで守り
の選手が手を使うと、その罰則
としてペナルティキックになりま
すね。会社でも決められたルー
ルがあるんですね。

ディネシュ：そうだよ。仕事を
がんばることだけではなく、
会社のルールを守りながら仕事
をしなければだめだね。

★理解しよう★

1）会社に入社して守らなければならない社内規程には、どのようなものがあるか。

☞　会社運営の根幹となる規程、人事規程、組織規程、業務規程、総務規程、その他

2）会社で社内規程を違反した場合の罰則（ペナルティ）には、どのようなものがあるか。

☞　戒告、けん責、減給、出勤停止、降格、諭旨解雇、懲戒解雇

会社という組織を維持・運営していくためには多くのルールが必要です。会社で働くためには、そのルールを守らなければなりません。ルールには大きく分けて、❶社内規程と就業規則がありますが、ここでは、「社内規程」について説明します。

社内規程は、会社が自社の運営を継続していくために、社員との合意がなくても、一方的に定めることができるという特徴があります。社内規程には、次のような項目が含まれています。

(1)企業の基本経営の規定と組織や業務に関わる❷権限規定(2)社員の処遇やルールに関わる❸人事労務の規定(3)資産や文書の管理、人事考課などの総務関連の規定(4)原価計算・経理、内部監査、購買・在庫・予算のような業務管理に関する規定があります。また、ハラスメントを防止の規定もあります。

もし、皆さんがこれらの規定に違反すると、ペナルティとして、会社側から❹懲戒処分を受けることがあります。「社内規程があるなんて知らなかった」「意味が分からず、内容を理解していなかった」と言っても、その責任から逃れることはできません。内部規定の内容が分からなければ、上司や同僚に質問をして、きちんと理解しておきましょう。

❶社内規程とは、企業が仕事上のルールを一方的に決めた、取り決め全般のことである。一方の就業規則は、社員との合意がベースになっている。
なお、「規程」と「規定」は別の意味である。

❷権限とは、仕事上、与えられた権利のことで、その権利を示した文書が職務権限規程である。

❸就業、賃金・退職金・年金、給付金に関する規定のこと。

❹懲戒処分には戒告、譴責、減給、出勤停止、降格、諭旨解雇、懲戒解雇などがある。

Step 2　会社のルール（就業規則）

アイン：就業規則という文書を
もらったので、よく見てみました。
働く時間や賃金だけではなく、
私に対する詳しい待遇まで書
いていたので、びっくりしました。

ディネシュ：就業規則は、社員が働くた
めに必要なことが詳しく書かれている
ね。ボーナスのことも書かれていなかっ
た？ボーナスがあると、仕事をもっと頑
張ろうという気持ちになるね。

アイン：就業規則ですか。だから
文書にしてくれるわけですね。

先生：労働基準法によって
会社は就業規則を明記し、
社員に渡すことになってい
ます。会社の義務ですね。

アイン：日本は、契約社会だ
と勉強しましたが、それが
実感できました。

先生：そうですね。就業規則は社
員と会社との契約といえます。

★考えてみよう★

次の項目は、就業規則（しゅうぎょうきそく）の記載事項（きさいじこう）である。この中で３つは**絶対的必要記載事項**（ぜったいてきひつようきさいじこう）で、そ

れ以外は**相対的必要記載事項**（そうたいてきひつようきさいじこう）となっている。絶対的記載事項３つを記号（アルファベッ

ト）で答えよう。

(a) 安全衛生関係（あんぜんえいせいかんけい）　(b) 賃金関係（ちんぎんかんけい）　(c) 労働時間関係（ろうどうじかんかんけい）　(d) 表彰・制裁関係（ひょうしょう・せいさいかんけい）

(e) 職業訓練関係（しょくぎょうくんれんかんけい）　(f) 退職手当関係（たいしょくてあてかんけい）　(g) 退職関係（たいしょくかんけい）　(h) 災害補償・

業務外（ぎょうむがい）の傷病扶助関係（しょうびょうふじょかんけい）　(i) 費用負担関係（ひようふたんかんけい）　(j) 臨時の賃金・最低賃金額関係（りんじ・ちんぎん・さいていちんぎんがくかんけい）

【解答】は P.128 にあります。

113

前項では、社内規程について学びましたが、ここでは「就業規則」について説明します。社内規程と同様に就業規則の内容を理解できなかったからといって、社員としての責任を逃れることはできません。分からないことは質問しましょう。

労働基準法第89条によると、「常時10人以上を雇っている会社は就業規則を作成し、労働基準監督署長に届を出すこと」になっています。就業規則は、社員が働きやすい職場を作るために、企業が労働時間や賃金などの**労働条件**と**❶待遇、人事**に関することを事前に定め、文書に示しています。また、社員が業務上、守るべきルールを**❷服務規律**として明記しています。

就業規則には、労働基準法に定められている**❸絶対的必要記載事項**と、企業内に必要な独自のルールである相対的必要記載事項があります。前者には「労働時間や賃金、解雇を含む退職関連の詳細事項」などが書かれています。後者には、「退職手当、臨時の賃金・**❹最低賃金額**、費用負担、**❺安全衛生**、職業訓練、火災補償・業務外の**❻傷病扶助**、表彰や制裁など」が書かれています。これ以外に任意で記す事項もあります。

❶会社が社員に対する、取扱い方のこと。

❷社員が仕事上、守るべき約束やルールのこと。

❸絶対的必要事項には、就業の時間、休憩時間、休日、休暇、賃金の決定、支払い方法、給料の締め切り、昇給、解雇を含む退職などがある。

❹働いて得られるお金の最低金額のこと。

❺健康で安心して働ける職場環境のこと。

❻病気やケガで働けなくなった時に受ける支援のこと。

114

Step 3　SNS の取り扱い、ハラスメント

スラジ：アインさん、社会人になったからか、とてもきれいになったね。

アイン：ありがとう。あなたは最近どう過ごしているの？元気？

スラジ：元気だよ。スタイルがよくて、セクシーなアインさんに会えて元気になったよ。

ディネシュ：スラジくん、そんな言い方じゃセクハラになるかも。

スラジ：えっ！友達だし、きれいになったことをほめただけですが…

ディネシュ：自分はそんなつもりじゃなかったかもしれないが、相手が嫌な気持ちになったらハラスメントになるんだ。

スラジ：ほめ言葉だとしても相手が嫌な気持ちになったら、ハラスメントになるのですね。

ディネシュ：そうだね。就職したら、会社の同期、友達でもハラスメントになりそうな行動は慎むべきだね。

★考えてみよう★

1）SNS の使用で気をつけることは何か。キーワードを使って述べてみよう。

☞　勤務時間内の投稿・社内のこと・新規プロジェクトの具体的内容・暴言・悪口
　・政治的意見・宗教的偏見・人種差別・ハラスメントと受け止められる言葉

2）次の言葉はハラスメントにあたるものである。パワハラ（パワーハラスメント）は
（A）、セクハラ（セクシャルハラスメント）は（B）を、（　）に記入しよう。

①おまえには無理だ（　）　　②スリーサイズは？（　）　　③常識も知らんか（　）

④何度も体を触る（　）　　　⑤はげ（　）　　　　　　　⑥給料泥棒（　）

⑦早く結婚して（　）　　　　⑧彼氏いるの？（　）　　　⑨死ぬ気でやれ（　）

⑩○○君に見習え（　）　　　⑪おまえ、病気か？（　）　⑫ふざけるな（　）

⑬いつ結婚するんだ？（　）　⑭失敗したら許さんぞ（　）⑮きもい（　）

⑯おまえ無能だな（　）　　　⑰おばちゃん（　）　　　　⑱全部責任を取れ！（　）

⑲無理にキス（　）　　　　　⑳あほか（　）　　　　　　㉑抱き着く（　）

㉒死ね（　）　　　　　　㉓いつ子どもを作るんだ（　）㉔よく入社できたな（　）

㉕嫌がっているのに食事や交際を求める（　）　　　㉖お前のせいで失敗した（　）

【解答】は P.128 にあります。

スマートフォンなどのデバイスの普及により、❶SNSは大きな進化を遂げ、私たちの生活とも緊密になっています。皆さんも、自分が持っているスマートフォンを使って、知り合いが書いた投稿をみたり、自分で書き込んだりしていませんか。社会人になると、SNS の使い方について特に注意しなければなりません。

会社で得た情報や知識を上司の許可なく SNS に投稿したら、自社や関連企業の貴重な情報を漏らしたことになり処分されることがあります。また、自社のメンバーや特定の顧客に関する暴言や悪口は絶対投稿してはいけません。自分なりにルールを定めて、❷就業規則をしっかり守りましょう。企業の公式アカウントだけではなく、❸個人的に使っているアカウントも情報流用の観点から、注意して運用する必要があります。

また、宗教的偏見、迷惑行為、人種差別、ハラスメントのような反社会的発言は控えましょう。特に会社での❹ハラスメントは人間の尊厳を傷つけることで許されない行為です。対面で起こるハラスメントだけでなく、SNS を使ったハラスメント、特に、セクシャルハラスメントに気をつけましょう。

❶SNSとはソーシャル・ネットワーキング・サービス（Social-Networking-Service）のことで、Web 上のコミュニケーション・ネットワークのことである。

❷重大な違反の場合、解雇になる。

❸その理由は、投稿内容がネットを通じて注目され、悪いニュースとして広がれる恐れがあるからである。

❹会社では、パワハラ、セクハラが主な問題で、何気なくやった行為が相手を傷つけることが少なくない。

Step 4　仕事の教わり方

アイン：先輩、仕事が早くて上手にできるコツはありますか。

アイン：それは、どういうものですか。

アイン：そうですか。アドバイスありがとうございます。

ディネシュ：私は日本風の仕事の教わり方がとても役に立ったね。

ディネシュ：私が実践したことは、①上司や先輩からの指示があるときはメモをする。②指示や命令の内容は復唱して確認する。③上司の話は最後までよく聞いてから質問することだね。

ディネシュ：：あっ！もう1つある。仕事の中間報告を必ずすることだね。コミュニケーションを取るためにも必ず上司へ報告することを忘れないように！

★考えてみよう★

1）次は仕事の教わり方のキーワードです。左側のキーワードに当てはまるのを右側に線で引いてみましょう。

(1)指示や命令をうける
　ときはメモをする。

(2)指示や命令の内容を
　復唱して確認

(3)最後まで話を聞き、
　そのあと質問

(4)中間報告をする。

(a) 念のためですが、「来月の2週目の月曜日」は、12日の月曜日のことですね。

(b) 在庫の問題がないか、場所と時間の変更はないか、中間報告をする。

(c) 承知しました。参加メンバーは12人、資料は3部で、よろしいですか。

(d) 指示や命令内容の要点を簡条書きにしてメモする。

【解答】はP.128にあります。

入社すると、早く仕事を覚えて会社のために役に立ちたいと思うでしょう。そのためには、自分で仕事を覚えていくだけでなく、上司や先輩から仕事のやり方を教わるとよいでしょう。

その教わり方のポイントを、4点あげます。(1)上司や先輩からの指示は、**❶メモを取りながら聞きます**。聞いた内容は確認のため復唱します。また、**❷仕事の優先順位を確認**します。内容が分からない場合は、その場で尋ねるようにしましょう。(2)上司に質問するときはタイミングを考え、**❸上司の話が一段落してから**します。質問は、あらかじめ聞きたい内容をリストにしてから聞くようにします。何度も上司に質問することは難しいので、整理してから聞くようにしましょう。(3)質問や命令を受けるときは、メモ帳をもって、すぐに上司の元に行きましょう。また、上司の話にすぐに反論しない、**❹安請け合い**や分かったフリ、勝手な思い込みなどをしないようにします。(4)仕事上、必要な内容を上司に報告します。仕事の状況を催促される前に中間報告として**❺真実を報告**として伝えなければなりません。悪い報告ほど早く伝えて対処するようにしましょう。

❶指示内容の要点を箇条書きにすることで、漏れなく確実に行うことができる。

❷どんな仕事を先に行うべきか、自分で勝手に判断せず、上司に確認する。

❸上司の話を止めないように、話が終わってから質問する。

❹内容をよく理解していないのに、適当にOKだと返事すること。

❺報告なし、報告漏れ、報告の遅れは信頼を失い、業務に支障が出るので気を付ける。

Lesson　社内で使う日本語練習

　会社内で使う日本語を勉強するためには、BJT（ビジネス日本語能力テスト：Business Japanese Proficiency Test）が参考になるかもしれません。

出所：https://www.kanken.or.jp/bjt/

会社によっては、この試験を受けるように言われる場合もあるようです。多くの留学生が受ける JLPT（日本語能力試験：Japanese-Language Proficiency Test）は、生活で使う日本語の力を試すためのものですが、BJT は、ビジネスで使う日本語の力を試すものです。

　ここで、いくつか問題（BJT の問題ではなく、筆者オリジナルの問題）を出しますので、答えを見ずに考えてみましょう。

１．上司から「この資料を読んでおいてください」と、渡されました。あなたは何と答えますか。

　　　　　　　　A．　分かりました。ご覧になります。

　　　　　　　　B．　分かりました。見ておきます。

　　　　　　　　C．　承知しました。拝見します。

　　　　　　　　D．　了解です。拝見いたします。

２．あなたが会社のオフィスにいるときに電話がなりましたが、周りには誰もいません。あなたは、その電話をどうしますか。

　　　　　　　A．　自分は新人なので、電話に出ても答えられないと思うので、そのままにしておく。

　　　　　　　B．　相手を待たせるのはよくないので、メモの準備をして、電話に出る。

　　　　　　　C．　電話に出てくれそうな人を探しに行く。

3．初めて出会う会社関係の人と、最初に行うことはどれでしょうか。

     A．握手する。

     B．ハグする。

     C．相手が名刺を出すまで待つ。

     D．新人の自分が先に名刺を相手に渡す。

4．会社のオフィスに上司の佐藤課長をたずねて、お客様が来ました。
　佐藤部長は出張中です。あなたは、まずお客様にどのように伝えますか。

     A．すみません。佐藤部長は、今日はいません。

     B．申し訳ございません。本日、佐藤は不在です。

     C．本日、佐藤部長は出張に行っており、おりません。

5．上司から食事に誘われましたが、大切な用事があり、食事には行けません。
　その場合、あなたは上司にどのように伝えますか。

     A．予定があるので行けないです。

     B．うーん…、ちょっと用事がありまして…

     C．申し訳ありませんが、とても大切な用事がある
        ので、行くことができません。

解答：1．C（Dと迷ったかもしれませんが、「了解」はビジネス上では使いません）
2．B（あなたはすでに会社の人間ですので自分で電話対応をしましょう）
3．D（名刺は目下（めした）の者から出すのがマナーです）
4．B（会社内の人を会社外の人に言うときは「佐藤」と呼びます）
5．C（はっきり意見を言うことは大切ですが「クッション言葉」を使うと、よいです）

イラスト協力：服部瑠唯

第　回	年 月　日（　　　）	学籍番号 No.	評価
		名前 Name	

メモ欄

：先輩たちの就職体験談：

イ　ジャヨンさん　李　自然　이자연

自分がやりたい仕事を定め、自分の信念や長所を面接官に明確に訴えよう！

　私は韓国の出身ですが、日本の大学を卒業し、今は東京の品川に住んでいます。大学生活では必死に学業に取り組みました。そのおかげで、成績優秀者となる GPA を取得し先生と学校から推薦をもらうことができ、推薦制度を活用した就職活動を行いました。3 年生の 12 月頃、企業のリストを見て説明会に参加し、2 週間後に 1 次書類選考を経て、面接が行われました。面接は事業部長と人事部長の 2 人と私の 2：1 の形でした。「なぜ日本に来たか、なぜ管理・施工のやりたいのか、施工・管理は女性にとってきつい仕事だが大丈夫か」と聞かれました。総合職の採用試験でしたが、面接の前に面接担当者から「図面を書いて下さい」と図面を描く指示がありました。

　その後、図面や自分がスケッチしたものの説明や、「なぜ、そういう風に書いたか」という意見を求められました。

　その選考の結果、内定をもらい、就職することができました。自分なりに内定がもらえたことを振り返ってみると、面接官からの質問に対してきちんと答えられたこともあると思いますが、「日本での生活を楽しみながら日本の社会環境にうまく適応している。関わっている人とうまくコミュニケーションが取れていること」をアピールできたことが大きかったと思います。面接官から「表情が明るくて、日本での生活を楽しくやっているようでいいですね」と言われたことが印象深かったです。

　そもそも日本で勉強しようと思ったのは、地震が多い日本では免振について学べることが多いと思ったからです。この会社への就職を希望したのは、総合建設会社であるため、建設全般のノウハウや技能を身につけられると考えたからです。

　将来は建物全体の図面を自分で書き、建物全般において計画から運営・管理までできるようになりたいです。日々、仕事にやりがいを感じながら、建てた建物に対してプライドを持って仕事に臨んでいます。

　就活を頑張っている皆さん！努力と工夫があれば、やりがいを感じる仕事に出会えると思います。そしてその先には幸せがあると思います。ファイト！

崔恩婷さん　Cui En Ting

外国人だからこそ失敗を恐れず、積極的に向き合い、チャレンジしよう！

　私は中国の大連出身です。日本の大学を卒業し、今は貿易会社に勤務しています。就職してから3年目になり貿易業務にも慣れて、日々、プライドを持って仕事に邁進しています。主な業務は通関が円滑にできるように資料を作成することと輸出と輸入に問題が起きないように現場責任者と確認作業をすることです。

　私は日本で就職をしたいと思い、サービス業を中心に25社ほどの企業にエントリーしました。履歴書などの資料を提出した企業は8社ほどあり、その中で面接に進めた企業は5社でした。面接の結果、1社は残念ながら不合格になり、1社は自分がやりたい業種や業務ではなかったので自ら辞退しました。結果として、3社から内定をもらいましたが、2社は勤務条件が合わずあきらめることになり、最終的に現在、働いているこの会社に入社することを決めました。

　私が複数の会社から内定をもらい就職ができたのはなぜか考えてみました。それは、多くの会社にエントリーして、会社説明会や就職フェアなどにも積極的に参加したことだと思います。就職フェアや説明会では1つの企業の情報ではなく、その企業が置かれている業界の状況や就職活動に関する貴重な情報が得られました。そして、その情報を生かすことができたことが内定につながったと思います。また、就職活動中、学校の先生や知人に積極的に相談し、アドバイスをもらいました。そのお陰で、自分がやりたい仕事に出会うことができたと思います。

　入社してから、実はかなり苦労しました。それは、貿易関連の業務が難しく、覚えるのが大変だったからです。それで、自分の業務に関連する本を購入して勉強をしつつ、先輩に何度もアドバイスしてもらいました。そのような経験を生かして、仕事を効率よく行えるようになりました。さらに、効率的なだけでなく、今では仕事を楽しむことができるようになりました。

インヘンテ サラ マエ パナリガンさん

学校生活や学校で学んだことを自分の言葉でアピールできることがポイント！

　フィリピンから来ました。来日し、大学に入学しました。学校生活は漢字圏出身の同級生に負けないつもりで頑張りました。私が就職できたのは、大学で学んだ成果を面接官にしっかりアピールできたことが大きな理由だと思います。私は特に「マーケティング論」について積極的に学んだので、そのことを採用試験でも強調しました。「マーケティングとは、単にモノをお客様に売るだけではなく、お客様のニーズを探して、お客様が満足して喜んでもらうこと」だと先生から学び聞いていたので、それを理解し、マーケティング関連の内容を自分の言葉で自然に話ができるようになっていました。その結果、大手のホテル関連会社や旅行会社、製薬会社等、多くの会社から内定をもらうことができました。ありがたく、ぜいたくな悩みですが、内定をいただいた会社へ失礼にならないように入社辞退の連絡をすることに苦労しました。

　どの会社にするか本当に悩みましたが、最終的に私はある製薬会社に就職しました。就職した後も勉強を重ね、登録販売者の資格を取って、これを生かしながら、今では医薬品販売の業務に携わっています。来日して8年になりますが、今も日本語の難しさを実感しています。特に尊敬語や謙譲語、丁寧語など、TPOに合わせて使い分けることに、いつも迷います。迷いながらも常に心がけていることは、失敗を恐れずにチャレンジするということです。「相手に失礼のないように」という気持ちで話せば、たとえ間違った使い方であったとしても、訂正されることはあっても怒られることはほとんどありません。大切なのは、同じ間違いを繰り返さないことです。何事も経験です。

　就職活動をしている皆さん、頑張りましょう！応援しています。

タパ　ビナヤさん　THAPA BINAYA

就職活動も就職後もチャレンジ精神を忘れずに積極的に向き合っています！

　私はネパール出身です。日本で勉強しようと決めたのは、日本の生活文化や企業文化に興味があったからです。アルバイトや勉学中にさらに日本の商習慣やビジネスマナーに魅力を感じ、日本での就職活動に力を尽くしました。学校の先生方やアルバイト先の先輩方のおかげで、卒業するタイミングで就職することができました。

　従業員が 2.4 万人もいる大きな会社に就職してから 5 年経ちました。私の主な仕事は新入社員の研修や教育などです。日本人の新入社員だけではなく、私と同じような外国籍の人も対象になることがあります。そのため自分の能力を高めるために今もチャレンジしています。

大学時代の恩師と

　就職活動を本格的に始めてから 2 カ月間は内定が決まらず不安な時期もありました。それでも諦めずに学校の先生や周りの方と相談しながら進めました。面接まで進んだ会社は 15 社で、内定をもらった会社は 3 社ありました。その結果、先生と相談を重ねて、今、私が勤務している会社に決めました。

　私にとって就職活動で大変だったことは 2 つありました。1 つ目は会社と業種を選ぶことでした。応募しようする会社がどんな会社なのか、応募した業種が自分に合う仕事のか分かりにくかったです。その度に先生や先輩、インターネットによって情報を得ることで理解できました。もう 1 つは、私は緊張するタイプで、面接で緊張しすぎて自分の考えを思う通りになかなか言えなかったことです。しかし、何度も面接の練習を行う中で、あまり緊張せず話せるようになりました。気づいた時には尊敬語や謙譲語の使い方になれ、自然に話せるようになっていました。面接では、来日した理由、本国での勉強内容や仕事の経験などをよく聞かれました。私が皆さんにアドバイスしたいのは、そのような過去の話よりも自己 PR や志望動機など、履歴書に書いた「会社でどのような貢献ができるのか」ということを自然に、そして気持ちや感情を込めて話ができるようにすることが重要だと思います。

　自分がやりたい仕事、働きたい会社での内定が叶うように頑張りましょう。

アーカーソーさん　ARKAR SOE

入社試験に失敗しても諦めず、続けている間で内定が訪れてきます！

　私はミャンマー出身のアーカーソーと申します。日本に留学し、大学を卒業して自動車メーカーの協力企業で働いています。勤務は週休2日制で、よい待遇で勤務できていることに非常に満足しています。就職してからまだ3年目なのに、かなりの年収をいただき、仕事と収入が安定しているため、妻と幸せに暮らしています。在職している会社は、社会からの信用があり、実績もある会社なので、在留資格の更新を心配する必要がなく、配偶者としての妻の在留資格の申請も全く問題ありませんでした。

　仕事内容は時々通訳の仕事もしますが、主な仕事は技能実習生向けの教育を担っています。日本の企業文化やビジネスマナー、機械の使い方などを中心に実習生に教えていますが、仕事への充実感があり、非常に楽しい毎日を送っています。

　しかし、就職活動を始めた頃は何度もつらい経験をしました。留学生というハンディがあるためか、内定をもらえる企業は3Kのような業種が多かったです。仕事はどんな仕事でも自分が好きなことであれば構わないと思いましたが、「学生」から「就業」へ在留資格を得るということが私にとっては大きな壁でした。自分が学んだ専門を活かせる業種にチャレンジし続けましたが、自分の専門を生かせる業種では、中々、内定をもらえませんでした。しかし、あきらめず、チャレンジしました。マイナビ、リクナビなどを積極的に活用しながら、会社の説明会があるところを絶え間なく探し求めました。履歴書や応募資料をそろえ、15社程度の会社で筆記試験と面接をしました。初めの10社ぐらいは、見事に不採用となり内定をもらえなかったです。とても悲しかったですが落胆せず、なんとかメンタルを保ちながら他社の採用試験に臨みました。何度も試験を受けているうちに、面接への対応に慣れたのか、あまり緊張をしなくなり、気づいたら内定をもらえるようになっていました。入社試験はたくさん受ければ、そのうち受かるというものではなく、失敗と成功を繰り返すうちに自分なりに工夫をした結果が内定につながったと思います。

　職場では、分からないことは上司や同僚に積極的に聞くようにしています。先輩からの教えを大事にしていたら、仕事ができるようになり、自分の日本語能力と仕事の能力が上達したような気がします。職場の上司や同僚にはとても感謝しています。みなさん！「Don't give up」です！

ファム　テイ　ガンさん　PHAM THI NGAN

会社の関係者とSNSでつながって内定をもらいました。

　　　私はベトナム出身で、大阪にあるMK社で働いています。仕事内容はお客様からのメールを確認したり、社内からの連絡事項を確認し、それらをまとめて次の段階の仕事が順調に進むように段取りを組んだりしています。時折、仕事が順調に進まないことがあり、責任を感じることはありますが、それがストレスだとは思っていません。

　　　私は、ハローワークやマイナビのような媒体を使わずに就職することができました。どのように就職したかというと、会社の人とSNSでつながることによって内定をもらったのです。私は日本での就職活動を考え始めた時、「外国人」というハンディがあると感じていました。私がどういう人で、どのような考えをもっているか知ってもらうために会社の人と知り合いになろうと考えました。その方法として、私はFacebookを活用しました。大学2年生からFacebookを使い始め、日々、自分の専門分野について学んでいる様子を写真で掲載しました。また、写真掲載だけに留まらず、自分が興味をもっていることや勉強の成果などを記事にして公開しました。それが会社の人の目に留まり、最終的には内定をもらうに至りました。そのため、一般的にいわれる入社試験らしい試験がなく、内定をもらうことができました。面接では知り合いと話しているような雰囲気だったので、あまり緊張することはありませんでした。

　　私の仕事のモットーは、「失敗がないように決して焦らず自分のペースで仕事をすすめる」ことです。自分なりに解決策を模索しながら、自信がなく不安に思うときには、自分の意見を伝えながら積極的にアドバイスをもらうようにしています。そして、よりベストな解決方法を得るようにしています。つまり、小さな問題と判断し、自分で解決できそうなことは、何でも上司に頼るのではなく、自分の考えで進めています。私はこれこそが社会人の仕事であると考えており、学生時代のアルバイトとの違いだと実感しています。仕事というのは常に自分自身に責任が伴うものではないでしょうか。社会人になって、そのように思いました。

　　皆さん、仕事への夢をもって就職活動をしましょう！

【★考えてみよう★　の解答】

P.35　1）ウ　2）キ　3）カ　4）ア　5）イ　6）エ　7）オ

P.45　1）(a) (c) (e) (h) (i) (j) (k) (l) (m)

　　　2）(b) (d) (f) (g)

P.65　1）(c)

　　　2）(1)適性　(2)一般常識　(3)小論文

　　　3）(3)北海道

P.67　1）グループディスカッション

　　　2）(6) (2) (5) (1) (4) (3)

P.69　沿革　　　　　(a)　　企業理念　(a)　　求める人物像　(a)

　　　事業紹介　(b)　　研修制度　(e)　　事業の強み　　(b)

　　　新規事業　(b)　　製品　　　(d)　　採用の質問　　(e)

　　　開発製品　(d)　　連絡先　　(a)　　企業戦略　　　(a)

　　　従業員数　(a)　　年間売上　(a)　　工場の風景　　(a)

　　　新規事業　(b)　　募集要項　(e)　　オフィス風景　(a)

　　　社員の1日　(c)　　先輩社員の声　(c)

　　　採用説明会情報　(e)　　社長メッセージ・戦略　(a)

P.71　日本での就職理由（エ）　自己PR（キ）　面接で聞かれそうな質問（ウ）
　　　面接での注意すべき点（オ）　将来の夢（ク）　担当したい（希望）業務（イ）
　　　就活先企業を選んだ理由（カ）　履歴書・エントリーシートでの注意点（ア）

P.77　1）(a) (e) (f) (i)

P.79　1）(a) (e) (h) (i)

P.81　1）(d)　2）d → c → e → a → f → b

P.91　1）アイウオカ

P.99　2）内定通知書（①②⑤⑦）　不採用通知書（③④⑥）

P.113　(b) (c) (g)

P.115　2）A：①③⑥⑨⑩⑪⑫⑭⑯⑱⑳㉒㉔㉖
　　　　　　B：②④⑤⑦⑧⑬⑮⑰⑲㉑㉓㉕

P.117　(1)−(d)　(2)−(a)　(3)−(c)　(4)−(b)

さくいん

あとがき

　本書ができるまでに、お世話になった諸先生方、会社関係の方、メッセージを寄せて
くれた先輩留学生の皆さん、そして出版のために一方ならぬお力添えを頂きました風
詠社の方々に、この紙面を借りて心より感謝申し上げます。

　本書は、「日本の会社について学び、円滑な就職活動をしたい就活生・留学生・研修
生、また海外在住の外国人向けのテキストを作りたい」という思いから執筆を始めま
した。何度も議論を重ね、大幅な変更や新型ウイルスの影響もありながら、ようやく刊
行の日を迎えることができました。

　本書は就職を目指している人が就職活動をしやすいように時系列に書き上げました。
その時期や流れは、「会社を知る、関心を持つことから始まり、仕事が決まるまで➡行
きたい会社が決まるまで➡就職したい会社が決まったら➡インターンシップが決まる
まで➡入社試験1週間前のやるべきこと➡入社試験前日にやるべきこと➡入社試験当
日の心得・注意事項➡入社が決まったら行うべきこと➡入社後の心得事項」に分けて
詳しく解説しました。

　しかし、昨今の就職活動は必ずしもこのような順当な流れに沿って行うものばかり
ではありません。そのため、本書を読みながら不自然に感じられることもあるでしょ
うが、そのような事情を踏まえ臨機応援に対応し理解してもらえば幸いです。

　記載内容については何度もチェックを重ね万全を期したつもりではありますが、内
容の説明が不十分な点や日本語の文章が理解しにくい点もあろうかと存じます。その
ことを真摯に受け止め、今後、より充実した書にするために、皆様に本書の構成や内容
に関して、ご指導やご叱正をいただければ幸いです。

　　この本を手に取ってくださった方の一助となることを願って…

著者プロフィール

李 大義　LEE Dae-eui　韓国生まれ　商学博士

愛知学院大学非常勤講師、㈱GLS経営コンサルティング顧問、在日本中部韓国人連合会事務局長、日本企業経営学会理事、アジア企業経営学会副会長、NPO法人スバ・ランカ協会理事

【主要著書】

『2006年度企業教育カリキュラム』蔚山大学校産学協力団・企業経営研究所、2005年（共著）

『はじめて学ぶ人のためのグローバル・ビジネス』文真堂、2006年（分担執筆）

『国際経営と異文化経営』中部日本教育文化会、2010年（単著）

『現代社会と経営』ニシダ出版、2011年（分担執筆）

『国際経営と異文化経営（改訂新版）』中部日本教育文化会、2013年（単著）

『マーケティング戦略論』学文社、2019年（分担執筆）

『仕事と会社』中部日本教育文化会、2020年（共著）。その他多数。

谷口　征子　TANIGUCHI　Yukiko

　大学在学中、海外留学し、第二言語習得に興味をもつ。

大学卒業後、公立高校にて商業・情報科の教員として10数年勤務。また、日本の大学や専門学校にて外国人留学生を対象とした日本語の授業（日本語初級、大学生のための日本語、ビジネスマナー）を担当。うち1年間、アメリカの高校にて日本語教師として勤務。

　現在、小田原短期大学　保育学科　専任講師として、保育者養成に取り組んでいる。担当科目は「言語表現」「言葉指導法」　　「多文化・多言語講座」のゼミを担当

【主要著書】

『0から学ぶ仕事と会社（共著）』（中部日本教育文化会・2020年）

『実践につながる 新しい教養の心理学（共著）』（ミネルヴァ書房・2022年）

『実践につながる 新しい教育・保育実習（編著）』（ミネルヴァ書房・2022年）

鶴　真由香　TSURU　Mayuka　　**イラスト担当　高校3年生**

　美術部に所属し、普段はイラストを中心とした作品を制作しています。絵を描くことが好きで、アイデアが湧き出てきたら一日中描いている日もあります。

　今回、初めて本のイラストを担当しました。最初は作品のイメージが思い浮かばず、描き上げられるか不安でしたが執筆者と何度も意見交換を行うことで完成することができました。このような貴重な経験をさせていただき、とても感謝しています。李先生、谷口先生ありがとうございました。

　高校卒業後は美術大学への進学を考えていましたが、今回の経験をはじめ海外の文化や人と触れ合う中で異文化に興味をもち、国際関係のことが学べる大学への進学を考えるようになりました。イラストと国際関係の両方を学び、将来は好きなイラストを活用しながら世界との架け橋になれるような仕事をしていきたいです。

0（ゼロ）から学ぶ就活のトリセツ

2023 年 1 月 15 日　第 1 刷発行

著　者　李 大義／谷口征子

発行人　大杉　剛

発行所　株式会社風詠社

〒 553-0001　大阪市福島区海老江 5-2-2

大拓ビル 5 - 7 階

Tel 06（6136）8657　https://fueisha.com/

発売元　株式会社 星雲社

（共同出版社・流通責任出版社）

〒 112-0005　東京都文京区水道 1-3-30

Tel 03（3868）3275

印刷・製本　シナノ印刷株式会社

©Dae eui Lee／Yukiko Taniguchi 2023, Printed in Japan.

ISBN978-4-434-31412-4 C2036